Analizando la Enseñanza del Trabajo en el Evangelio de Mateo

La Enseñanza del Trabajo en la Biblia, Volume 22

Sermones Bíblicos

Published by Seminit Publications, 2024.

ANALIZANDO LA ENSEÑANZA DEL TRABAJO EN EL EVANGELIO DE MATEO

First edition. February 24, 2024.

Copyright © 2024 Sermones Bíblicos.

ISBN: 979-8224599318

Written by Sermones Bíblicos.

Tabla de Contenido

Dedication

Mateo 8, 9. *Al verlo sus discípulos, se indignaron, diciendo: ¿Para qué se desperdicia esto? Porque este ungüento se podía vender por mucho, y darse a los pobres.*

Cuando hagáis lo mejor que podáis, por los motivos más puros, y vuestro Señor acepte vuestro servicio, no esperéis que vuestros hermanos aprueben todas vuestras acciones. Si lo hacéis, os llevaréis una gran decepción. Nunca hubo una prueba más hermosa de amor a Cristo que esta unción en Betania; sin embargo, los discípulos la criticaron. Como no podían objetar la cosa en sí, objetaron que podría haberse hecho otra cosa que hubiera sido mejor. Hay una gran cantidad de esa clase de sabiduría en el mundo que siempre puede enseñarte cómo podrías haber hecho una cosa mejor, pero si esperas a aprender esa sabiduría, nunca harás nada por tu Señor. Si esta mujer devota y entusiasta hubiera esperado el consejo de estas personas prudentes, no habría vendido el ungüento ni lo habría derramado. Hizo bien en tomar consejo con su propio y amoroso corazón, y luego derramar el precioso aceite sobre aquella querida cabeza que tan pronto iba a ser coronada de espinas. Demostró así que había al menos un corazón en el mundo que pensaba que nada era demasiado bueno para su Señor, y que debía dársele lo mejor de lo mejor. Que tenga muchos imitadores en todas las épocas hasta que Jesús vuelva.

— **Charles Spurgeon**

Introducción a Mateo

El trabajo es un componente esencial del reino de Dios. Mateo, el recaudador de impuestos que se convirtió en apóstol, relata las acciones y enseñanzas de Jesús para mostrarnos la forma en la que Dios desea que vivamos y trabajemos en Su nuevo reino. Como seguidores de Jesucristo, vivimos en dos mundos. Tenemos un pie en el mundo humano, en donde nuestro trabajo puede estar sujeto a expectativas tácitas que puede que se ajusten a los caminos de Dios o que vayan en contra de estos. Al mismo tiempo, como cristianos, hacemos parte del reino de Dios y estamos comprometidos con Sus valores y expectativas. Al relatar la historia de Jesús, Mateo nos enseña a navegar en el mundo humano usando la brújula de Dios y en ese proceso, nos muestra constantemente la verdadera identidad del mundo como el "reino de los cielos" (Mateo usa "el reino de los cielos" y "el reino de Dios" de forma intercambiable; ver **Mt 19:23–24**). Este reino "ha venido" a la tierra, aunque no se ha establecido aquí totalmente. Hasta que esto ocurra, los seguidores de Jesús debemos vivir y trabajar como "extranjeros residentes" en este mundo presente de acuerdo con el llamado de Dios.

Para guiarnos en esta forma de vida y trabajo, Jesús discute temas de trabajo tales como el liderazgo y la autoridad, el poder y la influencia, las prácticas de negocios justas e injustas, la verdad y el engaño, el trato de los trabajadores, la resolución de conflictos, la riqueza y las necesidades de la vida, las relaciones en el trabajo, las inversiones y los ahorros, el descanso y el trabajo en organizaciones con políticas y prácticas que están en desacuerdo con las normas bíblicas.

El reino de los cielos se ha acercado

Al comienzo de Su ministerio terrenal, Jesús anuncia que "el reino de los cielos se ha acercado" (**Mt 4:17**). Cuando leemos "el reino de los cielos" podemos pensar en arpas, nubes y coros de ángeles, pero Jesús es claro en cuanto a que el reino de los cielos se refiere al gobierno de Dios en la tierra. El reino de los cielos "*se ha acercado*". Ha venido aquí a esta tierra.

Las consecuencias en el lugar de trabajo de vivir en el reino de Dios son profundas. A los reinos les corresponden temas como el gobierno, la economía, la agricultura, la producción, la justicia y la defensa —temas que vemos en la mayoría de lugares de trabajo. Las enseñanzas de Jesús, como se registran en Mateo, hablan directamente a nuestra vida laboral. En el Sermón del monte, Jesús les presenta a Sus seguidores los valores, la ética y las prácticas de este nuevo reino. En el Padre Nuestro les enseña a orar que, "Venga Tu reino. Hágase Tu voluntad, así *en la tierra* como en el cielo" (**Mt 6:9–10**). El Evangelio de Mateo concluye cuando Jesús les encarga a Sus seguidores que vayan a trabajar por todo el mundo, porque Él ha recibido toda autoridad "en el cielo y *en la tierra*" y estará presente con ellos en su trabajo en la tierra (**Mt 28:18–20**). Mateo deja claro que este reino no se establecerá completamente en la tierra como la conocemos hoy, sino que ocurrirá cuando veamos "al Hijo del Hombre que viene sobre las nubes del cielo con poder y gran gloria" (**Mt 24:30**). Mientras tanto, le damos la espalda a las formas antiguas de trabajo, para que la nueva manera, conforme al reino de los cielos, sea visible en nuestra vida. Incluso ahora trabajamos de acuerdo con sus valores y sus prácticas.

Trabajando como ciudadanos del reino de Dios (Mateo 1-4)

Vivimos en lo que los teólogos llaman "el ya pero todavía no". El reino de los cielos ya fue inaugurado por Jesús en Su ministerio terrenal, pero no se ha completado definitivamente —no hasta que Cristo regrese en persona como Rey. Mientras tanto, nuestras vidas —incluyendo nuestro trabajo, esparcimiento, adoración, gozo y aflicción —están enmarcadas por la realidad de vivir en un mundo que todavía está sujeto a las costumbres antiguas y corruptas de la Caída (Gn 3), pero que ha sido reivindicado por su verdadero Señor, Cristo. Como cristianos, reconocemos totalmente que Jesús es nuestro Señor y ahora, nuestros hábitos en la tierra deben reflejar el reino venidero de los cielos. Esto no significa alardear de que somos más piadosos que otros, sino aceptar el reto de crecer en los caminos de Dios. Dios llama a Su pueblo a que tome muchos roles y ocupaciones diferentes en la tierra y en todos ellos, debemos demostrar con nuestra vida la verdadera realidad: el reino de Dios que viene del cielo a la tierra.

Al mismo tiempo, no podemos escapar a los males del mundo que trajo la Caída, incluyendo la muerte (**1Co 15:15–26**), el pecado (**Jn 1:29**) y Satanás (Ap.). Jesús mismo experimentó un sufrimiento terrible aunque temporal a manos de hombres pecadores y a nosotros también nos puede ocurrir. En el ámbito laboral podemos sufrir bastante por causa del trabajo forzado, el desempleo permanente o incluso la muerte por causas relacionadas con el trabajo. O puede que pasemos sufrimientos de formas más pequeñas al tratar con compañeros de trabajo difíciles, condiciones laborales desagradables, ascensos merecidos pero no recibidos o miles de otros contratiempos. A veces sufrimos por causa de las consecuencias de nuestro pecado en el trabajo. Puede que otras personas sufran mucho más que nosotros, pero todos podemos aprender a partir del Evangelio de Mateo cómo vivir como seguidores de Cristo en un mundo caído.

¿Por qué debemos escuchar a Jesús? (Mateo 1-2)

Los primeros capítulos del Evangelio de Mateo narran una serie de historias que pasan rápidamente de una a otra, y que demuestran que Jesús es el Señor y que Su venida inaugura el reino de los cielos en la tierra. Dichas historias explican quién es Jesús en términos de las profecías que se cumplen en Él (el Mesías) y muestran que Su entrada al mundo es el epicentro del trato de Dios con la humanidad. El Evangelio de Mateo comienza con una descripción de la genealogía y el nacimiento de Jesús: el bebé en un pesebre de Belén hace parte de la descendencia de David, el gran rey de Israel, y es un verdadero hebreo, cuya ascendencia se remonta hasta Abraham (**Mt 1:1–2:23**). Con cada historia, las referencias de Mateo a las escrituras del Antiguo Testamento muestran cómo la venida de Jesús refleja un texto antiguo en particular. Le prestamos atención a las palabras de Jesús porque Él es el ungido de Dios, el Mesías prometido, Dios hecho carne en este mundo (**Jn 1:14**).

El llamado de Jesús (Mateo 3-4)

Entre el capítulo 2 y el 3 han pasado casi treinta años. Juan el Bautista revela la verdadera identidad de Jesús, anunciando a las multitudes en el río Jordán que es el Hijo de Dios (**Mt 3:17**). Luego Jesús, después de que Juan lo bautizara, resiste exitosamente las tentaciones de Satanás en el desierto (**Mt 4:1-11**), a diferencia de Adán y los israelitas, quienes habían pecado. (Para más información acerca de las tentaciones de Jesús, ver **"Lucas 4:1-13"** más adelante, en **"Lucas y el trabajo"**). En esto, vemos las raíces antiguas del reino venidero: es "Israel" como lo diseñó Dios originalmente. Y vemos sus aspectos revolucionarios, ya que trae victoria sobre el príncipe del mundo caído.world.

El trabajo es un elemento fundamental del diseño de Dios para el mundo. Cuando Dios creó a Adán, le dio trabajo que hacer de inmediato (**Gn 2:15**) y a lo largo del Antiguo Testamento, al pueblo de Dios también se le dio trabajo que hacer (**Éx 20:9**). No debería sorprendernos que Jesús también fue un trabajador (**Mt 13:55**). El bautismo de Jesús, Sus tentaciones en el desierto y Su experiencia laboral previa como carpintero lo preparó para el trabajo público que iba a comenzar (**Mt 4:12**).

Aquí encontramos el primer pasaje que habla directamente de la cuestión del llamado. Poco después de que Jesús comenzara a predicar la venida del reino de los cielos, llama a los primeros cuatro de Sus discípulos a seguirlo (**Mt 4:18-21**). Otros respondieron a Su llamado más adelante, formando el grupo de los Doce —el grupo de los que fueron llamados aparte por Jesús para servir siendo Sus estudiantes cercanos y los primeros siervos líderes del pueblo renovado de Dios (consultar **Mt 10:1-4; 19:28; Ef 2:19-21**). A cada uno de los Doce se le pide abandonar su ocupación, salario y relaciones anteriores con el fin de viajar con Jesús por toda Galilea. (Los sacrificios personales, familiares y sociales que esto requirió se discuten en "**Marcos 1:16–20**" en "Marcos y el trabajo"). Jesús no les ofrece una seguridad o lazos familiares a estos ni a los demás seguidores. Cuando más adelante llama a Mateo, el recaudador de impuestos, la consecuencia es que Mateo deja su trabajo de recaudador (**Mt 9:9**).

¿Si Jesús nos llama quiere decir que debemos dejar de trabajar en nuestro empleo actual y convertirnos en predicadores, pastores o misioneros? ¿Este pasaje nos enseña que el discipulado significa abandonar las redes y los barcos, el serrucho y el cincel, la nómina y las ganancias?

La respuesta es no. Este pasaje *describe* lo que les pasó a cuatro hombres junto al Mar de Galilea ese día, pero no *impone* lo mismo para todos los seguidores de Jesucristo. Para los Doce, seguir a Jesús sí implicaba dejar sus profesiones y sus familias con el fin de viajar predicando con su Maestro itinerante. Tanto entonces como ahora, hay profesiones que requieren sacrificios similares como el servicio militar, el comercio marítimo o la diplomacia, entre muchos otros. Al mismo tiempo, sabemos que incluso durante el ministerio terrenal de Jesús, no todos lo que verdaderamente creyeron en Él renunciaron a sus trabajos para seguirlo. Él tuvo muchos seguidores que permanecieron en sus casas y sus ocupaciones y con frecuencia, usó sus habilidades con el fin de proveer alimento, alojamiento y apoyo financiero para Él y Sus acompañantes (por ejemplo, Simón el leproso en **Mr 14:3** o María, Marta y Lázaro en **Lc 10:38**, **Jn 12:1–2**). Muchas veces ellos les dieron entrada a sus comunidades locales, algo que sus compañeros de viaje no habrían podido hacer. Es interesante que Zaqueo también era recaudador de impuestos (**Lc 19:1–10**) y aunque su vida como recaudador fue transformada por Jesús, no vemos evidencia de que fuera llamado a dejar su profesión.

Pero este pasaje también nos lleva a una verdad más profunda acerca de nuestro trabajo y de seguir a Cristo. Tal vez no tengamos que dejar nuestros trabajos, pero tenemos que dejar de ser leales a nosotros mismos o a cualquier persona o sistema que sea contrario a los propósitos de Dios. En cierto sentido, nos convertimos en agentes dobles para el reino de Dios. Puede que permanezcamos en nuestro lugar de trabajo y que sigamos realizando las mismas tareas, pero ahora usamos nuestro trabajo para servir al nuevo reino y a nuestro nuevo Amo. Seguimos trabajando para traer el dinero a casa, pero a un nivel más profundo también trabajamos para servir a otras personas, como lo hizo nuestro Maestro. Cuando usted sirve a otros por causa de su lealtad a Cristo, "es a Cristo el Señor a quien servís", como lo dice Pablo (**Col 3:24**).

Esto es más radical de lo que parece a simple vista. Es un reto en nuestro trabajo. En la medida de lo posible, debemos trabajar en pro del florecimiento humano, ya sea por medio de nuestro aporte al continuar con nuestro mandato de la creación o nuestro aporte al cumplir el mandato de la redención. En pocas palabras, llevamos a cabo lo que respalda los sueños de los demás y lo que trae la sanidad del quebrantamiento a nuestro alrededor.

Entonces, vemos que aunque puede que el llamado de Jesús no cambie lo que hacemos para ganarnos la vida, siempre cambia *porqué* trabajamos. Como seguidores de Jesús, trabajamos principalmente para servirle a Él. A su vez, esto produce un cambio en cómo trabajamos y especialmente cómo tratamos a otras personas. Los métodos del nuevo Rey incluyen la compasión, justicia, verdad y misericordia; los del antiguo príncipe de este mundo son la devastación, la apatía, la opresión, el engaño y la venganza, los cuales ya no pueden hacer parte de nuestro trabajo. Esto es más difícil de lo que parece y nunca debemos pensar que lo podremos hacer en nuestras propias fuerzas. Las prácticas que se requieren para vivir y trabajar con estos nuevos métodos solamente pueden emanar del poder o la bendición de Dios en nuestro trabajo, como se planteará en los capítulos 5 al 7.

El reino de los cielos trabaja en nosotros (Mateo 5-7)

Los capítulos 5 al 7 del Evangelio de Mateo nos dan la versión más completa del Sermón del monte de Jesús. Aunque con frecuencia este largo pasaje (111 versículos) se trata como una serie de segmentos separados (algunos piensan que han sido recopilados de diferentes enseñanzas), existe una cohesión y un flujo de pensamiento en el Sermón que profundiza nuestro entendimiento de la forma en la que el reino de los cielos trabaja en nosotros, nuestro trabajo y nuestra vida familiar y comunitaria.

Las Bienaventuranzas (Mateo 5:1-12)

El Sermón del monte empieza con las bienaventuranzas —ocho declaraciones que comienzan con la palabra *bienaventurados*. Esta palabra declara un estado de bendición que ya existe. Cada bienaventuranza declara que un grupo de personas que por lo general son considerados como afligidos, en realidad son bendecidos. Los bendecidos no tienen que hacer nada para obtener esta bendición, Jesús simplemente declara que ellos ya han sido bendecidos. Por tanto, las bienaventuranzas son primero que todo declaraciones de la gracia de Dios, no son condiciones de la salvación o planes de acción para ganarse la entrada al reino de Dios.

Los que pertenecen a los grupos de bienaventurados experimentan la gracia de Dios, ya que el reino de los cielos se ha acercado. Observe la segunda bienaventuranza, "Bienaventurados los que lloran" (**Mt 5:4**). Por lo general, las personas no creen que llorar sea una bendición. Es algo doloroso. Sin embargo, con la venida del reino de los cielos, el llanto se convierte en una bendición, porque los que lloran "serán consolados". La implicación es que Dios mismo será quien los consuele. La aflicción del llanto se convierte en la bendición de una relación profunda con Dios. ¡Esa en realidad es una gran bendición!

Aunque el propósito principal de las bienaventuranzas sea declarar las bendiciones dadas por el reino de Dios, la mayoría de eruditos también las ven como una imagen del carácter de ese reino. Cuando entramos al reino de Dios, deseamos parecernos más a aquellos que se llaman bienaventurados —ser más humildes, más misericordiosos, tener más hambre de justicia, ser más propensos a hacer la paz y así sucesivamente. Esto les da un carácter imperativo moral a las bienaventuranzas. Después, cuando Jesús dice, "haced discípulos de todas las naciones" (**Mt 28:19**), las bienaventuranzas describen el carácter que estos discípulos deben tener.

Las bienaventuranzas describen el carácter del reino de Dios, pero no son condiciones de la salvación. Jesús no dice, por ejemplo, "solo los puros de corazón pueden entrar al reino de los cielos". Estas son buenas noticias porque las bienaventuranzas son realmente difíciles de cumplir. Dado que Jesús dice, "todo el que mire a una mujer para codiciarla ya cometió adulterio con ella en su corazón" (**Mt 5:28**), ¿quién podría en realidad ser "de limpio corazón" (**Mt 5:8**)? Si no fuera por la gracia de Dios, nadie sería bienaventurado. Las bienaventuranzas no son un juicio en contra de todos los que no alcanzan los estándares, son una bendición para cualquiera que decida unirse al reino de Dios mientras este "está cerca".

Una bendición adicional de las bienaventuranzas es que benefician a la comunidad de Dios, no solo a los individuos de Dios. Al seguir a Jesús, somos miembros bendecidos de la comunidad del reino, incluso aunque nuestro carácter todavía no haya sido formado a la semejanza de Dios. Individualmente, no cumplimos las características de algunas o todas las bienaventuranzas, pero aun así somos bendecidos por el carácter de toda la comunidad a nuestro alrededor. La ciudadanía en el reino de Dios comienza ahora. El carácter de la comunidad del reino será perfeccionado cuando Jesús regrese "sobre las nubes del cielo con poder y gran gloria" (**Mt 24:30**).

Al entender estas ideas, estamos listos para examinar el carácter específico de cada una de las bienaventuranzas y analizar cómo se aplican en el trabajo. Aunque no intentamos analizar cada bienaventuranza de forma exhaustiva, esperamos sentar las bases para recibir las bendiciones y experimentar las bienaventuranzas en nuestro trabajo diario.

"Bienaventurados los pobres en espíritu, pues de ellos es el reino de los cielos" (Mateo 5:3)

Los "pobres en espíritu" son aquellos que se sumergen a sí mismos en la gracia de Dios. Son quienes reconocen de forma personal su estado de bancarrota espiritual ante Dios. Es el recaudador de impuestos en el templo, golpeando su pecho y diciendo, "Dios, ten piedad de mí, pecador" (**Lc 18:9–14**). Es una confesión honesta de que somos pecadores y plenamente carentes de las virtudes morales necesarias para agradar a Dios. Es lo opuesto a la arrogancia. En su forma más profunda, reconoce nuestra necesidad desesperada de Dios. Jesús está declarando que es una bendición reconocer nuestra necesidad de ser llenos de la gracia de Dios.

Por tanto, al inicio del Sermón del monte, aprendemos que no tenemos los recursos espirituales en nosotros mismos para poner en práctica las enseñanzas de Jesús. No podemos cumplir el llamado de Dios en nuestras propias fuerzas. Bienaventurados los que se dan cuenta de que están en bancarrota espiritual, porque esta comprensión los lleva a Dios. Ellos saben que para alcanzar el propósito para el que fueron creados (lo que deben ser y hacer), necesitan la ayuda del Señor. Gran parte del resto del Sermón destruye una idea con la que nos hemos engañado a nosotros mismos: que somos capaces de obtener un estado de bienaventuranza por nuestra propia cuenta. El Sermón busca producir en nosotros una pobreza genuina de espíritu.

¿Cuál es el resultado práctico de esta bendición? Si somos pobres de espíritu, somos capaces de calificar honestamente nuestro propio trabajo. De esta manera, no exageramos nuestro CV o alardeamos sobre nuestra posición. Sabemos lo difícil que es trabajar con personas que no pueden aprender, crecer o aceptar la corrección porque están tratando de mantener una imagen incorrecta de sí mismos. Así que nos comprometemos a ser honestos acerca de nosotros mismos. Recordamos que incluso Jesús, cuando comenzó a trabajar con madera, necesitó guía e instrucción. Al mismo tiempo, reconocemos que solo cuando Dios trabaja dentro de nosotros, podemos poner las enseñanzas de Jesús en práctica en el trabajo. Buscamos la presencia y fortaleza de Dios en nuestras vidas cada día mientras vivimos como cristianos en el lugar donde trabajamos.

En un mundo caído, la pobreza de espíritu puede parecer un impedimento para el éxito y avance. Con frecuencia, esto es una ilusión. ¿Quién puede llegar a ser más exitoso a la larga? ¿Un líder que dice, "No teman, yo puedo manejar todo, solo hagan lo que les digo", o un líder que dice, "Juntos lo podemos hacer, pero todos tendremos que hacer nuestra labor mejor de lo que lo hemos hecho antes"? Al menos dentro de las mejores organizaciones, ya quedó atrás la época en la que un líder arrogante y que se promueve a sí mismo fuera considerado como mejor que un líder humilde que empodera a los demás. Por ejemplo, la primera señal característica de las compañías que alcanzan la grandeza duradera, es que tienen un líder humilde, de acuerdo con la reconocida investigación de Jim Collins. Por supuesto, muchos lugares de trabajo permanecen atascados en el reino antiguo de la autopromoción y la autovaloración excesivamente alta. En algunas situaciones, el mejor consejo práctico es encontrar otro trabajo, si es posible. En otros casos, puede que no sea posible o conveniente dejar el trabajo, porque al permanecer allí un cristiano podría ser una fuerza importante del bien. En estas situaciones, los pobres en espíritu son todavía más una bendición para aquellos a su alrededor.

"Bienaventurados los que lloran, pues ellos serán consolados" (Mateo 5:4)

La segunda bienaventuranza se desarrolla sobre un reconocimiento mental de nuestra pobreza espiritual agregando una respuesta emocional de tristeza. Enfrentar la perversidad de nuestra propia vida nos entristece y enfrentar la perversidad en el mundo —que incluye el mal en nuestro lugar de trabajo— también conmueve nuestras emociones causando dolor. La perversidad puede venir de nosotros mismos, de otras personas o de fuentes desconocidas. De cualquier forma, cuando nos entristecemos honestamente por las malas palabras, los malos actos o las malas políticas en el trabajo, Dios ve nuestra aflicción y nos consuela con el conocimiento de que no siempre será de esa manera.

Los que son bendecidos con el llanto por sus propias fallas, pueden recibir consuelo en el trabajo admitiendo sus errores. Si cometemos un error con un colega, estudiante, cliente, empleado u otra persona, lo admitimos y le pedimos perdón. ¡Eso requiere valentía! Sin la bendición emocional de la tristeza por nuestras acciones, probablemente nunca tendríamos la valentía para admitir nuestros errores. Pero si lo hacemos, nos podemos sorprender de que con frecuencia, las personas están dispuestas a perdonarnos. Y si, alguna vez, otros se aprovechan de que admitimos nuestra la culpa, podemos recurrir a la bendición de la humildad que fluye de las primeras bienaventuranzas.

En algunas empresas, las personas han descubierto que expresar la aflicción es una forma eficaz de trabajar. Toro, el fabricante de tractores y equipos para jardinería, adoptó la práctica de mostrar interés por las personas que fueron heridas mientras usaban sus productos. Tan pronto como la compañía se entera de que una persona fue herida, contacta al afectado para expresarle su pena y ofrecer ayuda. También pide sugerencias para mejorar el producto. Aunque parezca sorprendente, este método ha reducido el número de demandas por parte de los clientes en un periodo de muchos años. El hospital de Virginia Mason tuvo resultados similares al reconocer su responsabilidad en la muerte de los pacientes.

"Bienaventurados los humildes, pues ellos heredarán la tierra" (Mt 5:5)

La tercera bienaventuranza deja perplejas a muchas personas en el trabajo, en parte porque no entienden qué significa ser humilde (manso, en otras versiones). Muchos suponen que el término significa *débil, soso* o *falto de valor*. Sin embargo, la perspectiva bíblica de la humildad es que es poder bajo control. En el Antiguo Testamento, Moisés fue descrito como el hombre más humilde de la tierra (**Nm 12:3**). Jesús se describió a Sí mismo como "manso y humilde" (**Mt 11:28–29**), lo que no contradice su acción enérgica al limpiar el templo (**Mt 21:12–13**).

El poder bajo el control de Dios implica dos cosas: (1) rehusarse a inflar la autoestima y (2) la renuencia a reivindicarnos a nosotros mismos por nosotros mismos. Pablo refleja el primer aspecto perfectamente en **Romanos 12:3**: "Porque en virtud de la gracia que me ha sido dada, digo a cada uno de vosotros que no piense más alto de sí que lo que debe pensar, sino que piense con buen juicio, según la medida de fe que Dios ha distribuido a cada uno". Las personas humildes se ven a sí mismas como siervas de Dios y no piensan más alto de ellas mismas de lo que deben pensar. Ser humilde es reconocer nuestras fortalezas y limitaciones como lo que realmente son, en vez de tratar constantemente de mostrarnos a nosotros mismos a la mejor luz posible. Pero eso no significa que debemos negar nuestras fortalezas y habilidades. Cuando le preguntaron si era el Mesías, Jesús respondió, "los ciegos reciben la vista y los cojos andan, los leprosos quedan limpios, los sordos oyen, los muertos son resucitados y a los pobres se les anuncia el evangelio. Y bienaventurado es el que no se escandaliza de Mí" (**Mt 11:4–6**). Él no tenía una autoimagen más alta ni un complejo de inferioridad, sino un corazón de siervo basado en lo que Pablo llamaría más adelante un "buen juicio" (**Ro 12:3**).

El corazón de siervo es el punto crucial del segundo aspecto de la humildad: la renuencia a reivindicarnos a nosotros mismos *por* nosotros mismos. Ejercemos el poder pero para el beneficio de todas las personas, no solo de nosotros mismos. El segundo aspecto lo refleja el **Salmo 37:1–11a**, que comienza con "No te irrites a causa de los malhechores" y termina con "Mas los humildes poseerán la tierra". Significa que contenemos nuestra necesidad de vengar lo malo que nos han hecho y en cambio, usamos el poder que tenemos para servir a otros. Esto surge de la tristeza que nos causa nuestra propia debilidad, lo que trata la segunda bienaventuranza. Si sentimos tristeza por nuestros propios pecados, ¿en realidad podemos tener deseo de venganza por los pecados de otros?

Puede que sea muy difícil poner nuestro poder en el trabajo bajo el control de Dios. En el mundo caído, parece que son los agresivos y los que se promueven a sí mismos los que toman la delantera. "Usted no consigue lo que merece, consigue lo que negocia". En el lugar de trabajo, los arrogantes y los poderosos parecen ganar, pero al final pierden. No ganan en las relaciones personales porque nadie quiere un amigo arrogante y egoísta. Las personas que tienen sed de poder generalmente son personas solitarias. Adicionalmente, tampoco ganan en cuanto a la seguridad financiera; piensan que poseen la tierra, pero el mundo los posee y entre más dinero tengan, menos seguros se sentirán en el ámbito financiero.

En cambio, Jesús dijo que los humildes "heredarán la tierra". Como hemos visto, la tierra se ha convertido en el lugar donde está el reino de los cielos. Tendemos a pensar que el reino de los cielos es el *cielo*, un lugar completamente diferente (calles de oro, puertas de perlas, una mansión en la cima de la montaña) de lo que conocemos aquí. Pero la promesa de Dios del reino es un nuevo cielo y nueva *tierra* (Ap.).

Quienes someten su poder a Dios heredarán el reino perfecto que viene a la tierra. En este reino recibimos por la gracia de Dios las cosas buenas que los arrogantes buscan con gran esfuerzo inútilmente en la tierra presente y aún más. Y esta no es una realidad futura solamente. Incluso en un mundo caído, aquellos que reconocen sus verdaderas fortalezas y debilidades pueden encontrar paz al vivir realistamente. En general, aquellos que ejercen el poder para el beneficio de otros son admirados. El humilde involucra a otros en la toma de decisiones y experimenta mejores resultados y relaciones más profundas.

"Bienaventurados los que tienen hambre y sed de justicia, pues ellos serán saciados" (Mateo 5:6)

Entender la cuarta bienaventuranza nos lleva a buscar lo que Jesús quiso decir con la palabra *justicia*. En el judaísmo antiguo, actuar justamente significaba "exonerar, justificar, restaurar a una relación correcta". Los justos son aquellos que mantienen relaciones correctas —con Dios y con las personas a su alrededor. En las relaciones correctas, los que cometen faltas son absueltos de la culpa.

¿Alguna vez ha tenido la bendición de tener relaciones correctas? Esto fluye a partir de la humildad (la tercera bienaventuranza) porque solo podemos formar relaciones correctas con otros cuando dejamos de hacer que todas las acciones giren a nuestro alrededor. ¿Usted tiene hambre y sed de relaciones correctas —con Dios, sus compañeros de trabajo, su familia y su comunidad? El hambre es una señal de vida. Estamos hambrientos de buenas relaciones si añoramos lo bueno para otros por su propio bien, no solo como un bocado para satisfacer nuestras necesidades. Si vemos que tenemos la gracia de Dios para esto, tendremos hambre y sed de relaciones correctas, no solo con Dios sino también con las personas con las que trabajamos y vivimos.

Jesús dice que el apetito de aquellos que tienen esta hambre será saciado. Es fácil ver lo malo en nuestro lugar de trabajo y desear luchar para solucionarlo. Si hacemos eso, estamos teniendo hambre y sed de justicia, deseando ver que lo malo se corrija. La fe cristiana ha sido la fuente de muchas de las más grandes reformas en el mundo laboral, tal vez más especialmente la abolición de la esclavitud en Gran Bretaña y Estados Unidos y el génesis del movimiento de los derechos civiles. Pero de nuevo, la secuencia de las bienaventuranzas es importante. No debemos hacernos cargo de estas batallas en nuestras propias fuerzas, sino reconociendo nuestro propio vacío, lamentando nuestra propia injusticia, sometiendo nuestro poder a Dios.

"Bienaventurados los misericordiosos, pues ellos recibirán misericordia" (Mateo 5:7)

Si usted es bendecido con el dolor por sus propias fallas (la segunda bienaventuranza) y con relaciones correctas (la cuarta bienaventuranza), no le será difícil ser misericordioso con las personas en el trabajo o en cualquier otra parte. La misericordia consiste en tratar a las personas mejor de lo que merecen. El perdón es una clase de misericordia, igual que ayudar a alguien a quien no tenemos obligación de ayudar o abstenerse de explotar la vulnerabilidad de otra persona. La misericordia, en todos estos sentidos, es el motor de la encarnación, muerte y resurrección de Cristo. A través de Él, nuestros pecados son perdonados y nosotros mismos recibimos ayuda por medio del regalo del espíritu de Dios (1Co 12). La razón por la que el Espíritu nos muestra esta misericordia es simplemente que Dios nos ama (**Jn 3:16**).

En el trabajo, la misericordia tiene un efecto altamente práctico. Debemos ayudar a otros a obtener sus mejores resultados, sin importar lo que opinemos de ellos. Cuando ayuda a un compañero de trabajo que tal vez no le agrada o que puede haberlo perjudicado en el pasado, está mostrando misericordia. Cuando es el primer candidato en una prueba y les advierte a los demás candidatos que el juez está de mal humor, está mostrando misericordia, aunque esto les pueda dar ventaja sobre usted. Cuando el hijo de un competidor está enfermo y usted acepta reprogramar su presentación al cliente para que su competidor no tenga que escoger entre cuidar a su hijo y competir por el negocio, está mostrando misericordia.

Estos tipos de misericordia le pueden costar una ventaja que de otra manera podría haber conseguido. Sin embargo, estos benefician el resultado del trabajo además de a la otra persona. Ayudar a alguien que no le agrada contribuye a que su unidad de trabajo alcance sus metas, incluso si esto no lo beneficia a *usted* personalmente. O —como es el caso del competidor con el hijo enfermo— si esto no beneficia *su* organización, beneficia al cliente que usted aspira a servir. La realidad que sirve de base para la misericordia es que la misericordia beneficia a alguien que no es usted.

Un ambiente de perdón en una organización ofrece otro resultado sorprendente: mejora el desempeño de la organización. Si alguien comete un error en una organización en donde no se muestra misericordia, es probable que no vaya a decir nada al respecto, esperando que no se note y que no lo culpen.

Esto perjudica el rendimiento de dos formas. La primera es que un error que se oculta puede ser mucho más difícil de tratar más adelante. Imagine un trabajo de construcción en donde un trabajador comete un error con la colocación de los cimientos. Es fácil arreglarlo si se trae a la luz y se repara de inmediato, pero será muy costoso arreglarlo después de que se construya la estructura y se hundan los cimientos. El segundo es que las mejores experiencias de aprendizaje vienen cuando se aprende de los errores. Como dijo Soichiro Honda, "El éxito solo se puede alcanzar por medio de la repetición de fracasos y la introspección. De hecho, el éxito representa el 1% de su trabajo que resulta del 99% que se llama fracaso". Las organizaciones no tienen oportunidad de aprender si no se exponen los errores.

"Bienaventurados los de limpio corazón, pues ellos verán a Dios" (Mateo 5:8)

La sexta bienaventuranza hace eco de **Salmos 24:3–5**:

¿Quién subirá al monte del Señor?

¿Y quién podrá estar en Su lugar santo?

El de manos limpias y corazón puro;

el que no ha alzado su alma a la falsedad,

ni jurado con engaño.

Ese recibirá bendición del Señor,

y justicia del Dios de su salvación.

Las "manos limpias y corazón puro" denotan integridad, unicidad de devoción, lealtad indivisible. La integridad va mucho más allá de evitar el engaño y el mal comportamiento. La raíz de la integridad es ser uno solo, lo que significa que nuestras acciones no son elecciones que tomamos o nos quitamos cuando parezca conveniente, sino que surgen del todo de nuestro ser. Note que Jesús pronuncia la bendición de ser puro de corazón no inmediatamente después de la bendición del hambre de justicia, sino después de la de mostrar misericordia. La pureza de corazón no surge de la perfección de nuestra voluntad, sino de la recepción de la gracia de Dios.

Podemos determinar cuánto de esta bendición hemos recibido preguntándonos a nosotros mismos: ¿cómo es mi compromiso con la integridad cuando me es posible eludir las consecuencias de un engaño?

¿Me rehúso a dejar que mi opinión sobre otra persona sea formada por el chisme y las insinuaciones, sin importar lo interesantes que puedan sonar? ¿Hasta qué punto mis acciones y palabras son reflejos veraces de lo que hay en mi corazón?

Es difícil argumentar en contra de la integridad personal en el lugar de trabajo, pero en un mundo caído, se convierte en el blanco de las bromas. Igual que la misericordia y la humildad, puede ser vista como una debilidad, pero la persona íntegra es la que "verá a Dios". Aunque la Biblia es clara respecto a que Dios es invisible y "habita en luz inaccesible" (**1Ti 1:17**; **6:16**), el puro de corazón puede percibir y sentir la realidad de Dios en esta vida. En realidad, sin integridad, los engaños que propagamos en contra de otros nos vuelven incapaces de percibir la verdad eventualmente. Se vuelve inevitable que comencemos a creer nuestras propias mentiras y esto lleva a la ruina en el lugar de trabajo, porque el trabajo que se basa en lo irreal pronto se convierte en algo ineficaz. El impuro no tiene deseo de ver a Dios, pero aquellos que son parte del reino de Cristo son bendecidos porque ven la realidad como verdaderamente es, incluyendo la realidad de Dios.

"Bienaventurados los que procuran la paz, pues ellos serán llamados hijos de Dios" (Mateo 5:9)

La séptima bienaventuranza lleva a todos los trabajadores cristianos a la tarea de la resolución de conflictos. Los conflictos surgen cuando las personas tienen diferencias de opinión. En un mundo caído, se tiende a ignorar el conflicto o suprimirlo usando la fuerza, amenazas o intimidación. Pero todas estas son violaciones de la integridad (la sexta bienaventuranza) de las personas en el conflicto. En el reino de Dios, es una bendición unir a las personas que tienen disputas. Solo entonces es posible resolver el conflicto y restaurar las relaciones. (Más adelante en este artículo analizaremos el método de Jesús para la resolución de conflictos, en **Mt 18:17–19**).

El resultado de la resolución de conflictos es la paz y los pacificadores serán llamados "hijos de Dios". Ellos reflejarán el carácter divino en sus acciones. Dios es el Dios de paz (**1Ts 5:16**) y mostramos que somos Sus hijos cuando buscamos la paz en el lugar de trabajo, en la comunidad, en nuestro hogar y en todo el mundo.

"Bienaventurados aquellos que han sido perseguidos por causa de la justicia" (Mateo 5:10)

La octava y última bienaventuranza puede sonar negativa. Hasta este punto, las bienaventuranzas se han centrado en la pobreza de espíritu, la humildad, las relaciones correctas, la misericordia, la pureza de corazón y la construcción de paz —todas cualidades positivas. Pero Jesús incluye la posibilidad de "persecución por cuestión de la justicia". Esta surge de las siete anteriores, porque las fuerzas que se oponen a lo que Dios desea todavía tienen gran poder en el mundo.

Tenga en cuenta que la persecución que surge del comportamiento *injusto* no es bienaventurada. Si caemos por nuestra propia culpa, debemos esperar el sufrimiento de las consecuencias negativas. Jesús está hablando de la bendición de ser perseguidos por hacer el bien. Pero, ¿por qué seríamos perseguidos por la justicia? La realidad en un mundo caído es que si demostramos justicia genuina, muchos nos rechazarán. Jesús profundiza la idea señalando que los profetas, que como Él habían anunciado el reino de Dios, fueron perseguidos: "Bienaventurados seréis cuando os insulten y persigan, y digan todo género de mal contra vosotros falsamente, por causa de Mí. Regocijaos y alegraos, porque vuestra recompensa en los cielos es grande, porque así persiguieron a los profetas que fueron antes que vosotros" (**Mt 5:11–12**). Las personas justas en el lugar de trabajo pueden estar sujetas a una persecución activa e incluso severa por parte de personas que se benefician —o creen que se benefician— de la injusticia.

Por ejemplo, si defiende a —o apenas se hace amigo de— personas que son víctimas de chismes o discriminación en su lugar de trabajo, espere persecución. Si es el presidente de una asociación comercial y se pronuncia en contra de un subsidio injusto que están recibiendo sus miembros, no espere que lo reelijan. La bendición es que la persecución activa por las razones correctas indica que los poderes de la oscuridad creen que usted está teniendo éxito en su tarea de promover el reino de Dios.

Incluso las mejores organizaciones y las personas más admirables han sido contaminadas por la Caída. Nadie es perfecto. La octava bienaventuranza sirve como un recordatorio para nosotros de que trabajar en un mundo caído requiere valentía.

Sal y luz en el mundo del trabajo (Mateo 5:13-16)

Luego de las bienaventuranzas en el Sermón del monte, Jesús les dice a Sus seguidores que las personas que reciben estas bendiciones *son importantes*:

"Vosotros sois la sal de la tierra; pero si la sal se ha vuelto insípida, ¿con qué se hará salada otra vez? Ya para nada sirve, sino para ser echada fuera y pisoteada por los hombres. Vosotros sois la luz del mundo. Una ciudad situada sobre un monte no se puede ocultar; ni se enciende una lámpara y se pone debajo de un almud, sino sobre el candelero, y alumbra a todos los que están en la casa. Así brille vuestra luz delante de los hombres, para que vean vuestras buenas acciones y glorifiquen a vuestro Padre que está en los cielos". (**Mt 5:13–16**)

Si usted es seguidor de Jesús y vive las bienaventuranzas, usted es importante. Tiene un rol vital que desempeñar, porque usted es la sal de la tierra. La sal preserva y los cristianos ayudan a preservar lo que es bueno en la cultura. En el mundo antiguo, la sal era muy valiosa: los griegos pensaban que contenía algo casi divino y algunas veces los romanos les pagaban a sus soldados con sal. Un soldado que no realizara sus tareas, "no era digno de su salario" (la palabra salario se deriva de "*salarium*", que era la cantidad de sal que los romanos recibían como pago). Usted es un agente que sazona. En cierto sentido, puede traer el sabor distintivo de los valores de Dios a todos los aspectos de la vida. Puede hacer que la vida sea sabrosa.

Tenga en cuenta que la sal, para ser eficaz, debe entrar en contacto con la carne o el pescado que va a preservar. Para ser eficaces, debemos estar involucrados en el lugar donde trabajamos y donde vivimos. Esto plantea una tensión, ya que no somos necesariamente agradables para la cultura dominante. En la mayoría de casos, vivir de acuerdo con las bienaventuranzas puede hacernos más exitosos en el trabajo, pero debemos estar preparados para los momentos en que esto no ocurre. ¿Qué haremos si mostrar misericordia, promover la paz y trabajar por la justicia pone en peligro nuestra posición en el trabajo? Abstraerse del mundo no es la respuesta correcta para los cristianos. Sin embargo, es difícil vivir en el mundo listos para desafiar sus métodos en cualquier momento. En **Mateo 5:10–12**, Jesús reconoció la realidad de la persecución, pero en nuestro contacto con la cultura debemos mantener nuestra "salinidad", lo que nos hace distintos. Es un acto de equilibrio que estamos llamados a mantener.

"Ustedes son la sal de la tierra". La descripción del empleo de un cristiano no solo es guardar su santidad personal, sino también tocar las vidas de todos a su alrededor. En el trabajo tocamos la vida de muchas personas que no encuentran a Cristo en la iglesia. Puede que sea el lugar más efectivo para ser testimonio de Cristo. Sin embargo, tenemos que ser cuidadosos respecto a la forma en la que somos testigos de Cristo en el trabajo. Nos pagan por hacer nuestro trabajo y sería deshonesto con nuestros empleadores usar el tiempo de trabajo para evangelizar. Además, sería deshonroso crear divisiones en el trabajo o un ambiente hostil para los no creyentes. Debemos evitar cualquier contaminación posible al buscar promovernos a nosotros mismos por medio del proselitismo. Siempre estamos en riesgo de que nuestras fallas en el trabajo le traigan vergüenza al nombre de Cristo, especialmente si parece que somos entusiastas para evangelizar pero deficientes para trabajar.

Con todos estos peligros, ¿cómo podemos ser sal y luz en el trabajo? Jesús dijo que nuestra luz no necesariamente está en el testimonio de nuestras palabras, sino en el testimonio de nuestros actos —nuestras "buenas obras". "Así brille vuestra luz delante de los hombres, para que vean vuestras buenas acciones y glorifiquen a vuestro Padre que está en los cielos". Las bienaventuranzas han explicado algunas de esas buenas obras. En la humildad y sumisión a Dios, trabajamos por las relaciones correctas, por acciones misericordiosas y paz. Cuando vivimos como personas de bendición, somos sal y luz —en el lugar de trabajo, en nuestro hogar y nuestra nación.

Vivir realmente la "justicia" del reino de los cielos (Mateo 5:17-48)

Jesús hace una declaración asombrosa en **Mateo 5:20**: "Porque os digo que si vuestra justicia no supera la de los escribas y fariseos, no entraréis en el reino de los cielos". Las personas comunes en la época de Jesús reverenciaban la aparente rectitud de los líderes religiosos y no podían imaginar nunca alcanzar una piedad como la de ellos. Jesús los sorprende diciendo que la entrada al reino de Dios estaba disponible solo para aquellos cuya rectitud excediera la de los escribas y fariseos. Entonces, ¿quién podía ser salvo? El problema radica en decir que la rectitud es igual a la piedad externa, una forma común de entender la palabra en ese tiempo y ahora. Sin embargo, la palabra *justicia* a lo largo de la Biblia (como señalamos anteriormente en la cuarta bienaventuranza) siempre denota relaciones correctas —con Dios y con las personas a nuestro alrededor, lo que incluye a las personas que trabajan con nosotros.

Esto se vuelve evidente en las ilustraciones que siguen. En **Mateo 5:21–26** dice que no es suficiente no asesinar a alguien, sino que debemos guardarnos de albergar una ira que termine en insultos y relaciones rotas. Podemos sentir ira, pero la forma correcta de manejarla es tratar de resolver el conflicto (**Mt 18:15–19**), no alejar a la persona con insultos o calumnias. Jesús aclara que una relación correcta entre usted y su hermano o hermana es tan importante que usted debe detener sus prácticas religiosas hasta que haya aclarado el tema entre los dos.

En el trabajo, la ira puede usarse para manipular a otros o puede abrumarlo en caso de que sienta que está recibiendo un trato injusto. Resuelva la cuestión: dé el primer paso hacia la reconciliación, incluso si eso lo pone en una posición de humildad. Participar en la resolución del conflicto de forma abierta y justa es el método que se emplea en el nuevo reino. Nuevamente, bienaventurados los pacificadores.

La riqueza y la provisión (Mateo 6)

Jesús habla de la riqueza frecuentemente. Aunque la riqueza y la provisión no son trabajo, por lo general son el resultado del trabajo, sea el nuestro o el de alguien más. Un principio fundamental de la economía es que el propósito del trabajo es incrementar la riqueza, haciendo de esta un tema relacionado con el trabajo. A continuación se encuentran las enseñanzas de Jesús acerca de la riqueza y la provisión diaria en el orden en que aparecen en el Sermón del monte.

"Danos hoy el pan nuestro de cada día"
(Mateo 6:11)

J usto antes de esta petición del pan diario en el Padre Nuestro, leemos, "Venga Tu reino. Hágase Tu voluntad, así en la tierra como en el cielo" (**Mt 6:10**). En el reino de Dios tenemos la certeza del pan de cada día, pero en nuestro mundo contaminado por el pecado el sustento diario es incierto. Aunque Dios le ha dado a la humanidad todo lo que necesita para producir suficiente alimento para todos en la tierra, no hemos acabado con la hambruna. Por tanto, la primera palabra de Jesús acerca de la riqueza o la provisión diaria es esta petición: "Danos hoy el pan nuestro de cada día". Acudimos a Dios para pedirle el pan que necesitamos.

Pero tenga en cuenta que la petición se plantea en plural: danos hoy el pan nuestro de cada día. No oramos solo por nuestro propio pan, sino por el de los que no tienen. Al estar deseosos de mantener relaciones correctas con otros, tenemos en consideración su necesidad del pan: compartimos lo que tenemos con los que lo necesitan. Si todas las personas, los negocios, las instituciones y los gobiernos trabajaran de acuerdo con los propósitos y principios del reino de Dios, nadie padecería hambre.

Acumule su tesoro en el cielo, no en la tierra (Mateo 6:19-34)

Además de nuestro deber de pedirle a Dios por la provisión diaria, también se nos advierte que no debemos acumular riqueza material y otros tesoros terrenales:

"No os acumuléis tesoros en la tierra, donde la polilla y la herrumbre destruyen, y donde ladrones penetran y roban; sino acumulaos tesoros en el cielo, donde ni la polilla ni la herrumbre destruyen, y donde ladrones no penetran ni roban; porque donde esté tu tesoro, allí estará también tu corazón". (**Mt 6:19–21**)

Los "tesoros en el cielo" no son una referencia etérea a pensamientos bondadosos en el corazón de Dios o algún tipo de trivialidad. El reino de Dios gobernará en la tierra al final. Los "tesoros en el cielo" son cosas de valor en el reino venidero de Cristo, tales como la justicia, la oportunidad de que todos sean productivos, la provisión para las necesidades de todos y el respeto por la dignidad de cada individuo. La implicación es que es mejor invertir nuestro dinero en actividades que transformen el mundo, que en instrumentos financieros que protejan nuestra superabundancia acumulada.

Entonces, ¿es incorrecto tener un plan de jubilación o incluso interesarnos en tener cosas materiales de este mundo o que otros las tengan? De nuevo, la respuesta es no y sí. El no viene del hecho de que este pasaje no es el único en la Biblia que habla de cuestiones de riqueza y provisión para aquellos que dependen de nosotros. Otros pasajes aconsejan tener prudencia y previsión, tales como, "el que la recoge [la fortuna] con trabajo la aumenta" (Pro 13:11b) y, "El hombre bueno deja herencia a los hijos de sus hijos" (Pro 13:22). Dios guía a José a almacenar alimentos por siete años para prepararse para una hambruna (**Gn 41:25–36**) y Jesús habla favorablemente acerca de la inversión de dinero en la parábola de los talentos (**Mt 25:14–30**, lo cual discutiremos más adelante). A la luz del resto de la Escritura, **Mateo 6:19–34** no puede ser una prohibición general.

Pero la parte del sí de la respuesta es una advertencia, que se resume de una forma espléndida en el versículo 21: "donde esté tu tesoro, allí estará también tu corazón". Podríamos esperar que esta declaración también funcione a la inversa: "donde está tu corazón, allí también estará tu tesoro", pero en realidad las palabras de Jesús son más profundas. La idea no es que el corazón decide cómo manejar el dinero, sino que el dinero cambia el corazón. El planteamiento de Jesús no es "usted tiende a poner su dinero en cosas que son importantes para usted" sino, "lo que usted posee lo cambiará para que se preocupe más por sus bienes que por otras cosas". Escoja cuidadosamente lo que posee porque inevitablemente comenzará a protegerlo y valorarlo, posiblemente en detrimento de todo lo demás.

Esto podría llamarse el "principio del tesoro", ya que el *tesoro transforma*. Aquellos que invierten su tesoro más profundo en las cosas de este mundo, descubrirán que ya no le están sirviendo a Dios sino al dinero (**Mt 6:24**). Además, las incertidumbres relacionadas con el dinero pueden llevar a la ansiedad (**Mt 6:25–34**). ¿La inflación lo hará mermar? ¿El mercado de valores caerá? ¿Habrá incumplimiento en el pago de los bonos? ¿El banco quebrará? ¿Puedo estar seguro de que lo que he ahorrado será suficiente para enfrentar todo lo que puede pasar?

El antídoto es invertir en formas que suplan las necesidades genuinas de las personas. Una compañía que provee agua potable o prendas de vestir de calidad puede estar invirtiendo en el reino de Dios, mientras que es posible que una inversión que depende de subsidios con motivaciones políticas, del mercado inmobiliario acalorado o de la escasez material no lo esté haciendo. Este pasaje en Mateo 6 no es una regla para la administración de cartera, pero sí nos demuestra que nuestro compromiso con los caminos y los medios del reino de Dios se extiende a la forma en que administramos la riqueza que tenemos.

Entonces, la cuestión es qué clase de atención debería prestarle a las necesidades materiales y a la acumulación de recursos. Si le presta atención de manera *ansiosa*, usted es necio. Si permite que estos *desplacen su confianza en Dios*, se está volviendo infiel. Si les presta una atención excesiva, se convertirá en avaro. Si los obtiene a costa de otras personas, se está convirtiendo en la clase de opresor al que el reino de Dios se opone.

¿Cómo podemos discernir el límite entre la atención apropiada y la inapropiada que le prestamos a la riqueza? Jesús responde, "busquen primeramente el reino de Dios y Su justicia, y todas estas cosas les serán añadidas" (**Mt 6:33** RVC). Primero lo primero. En vista de la enorme capacidad que tenemos de engañarnos a nosotros mismos, esta pregunta nos puede ayudar a observar con cuidado en dónde nos ha puesto nuestro tesoro. Eso nos dirá algo acerca de nuestro corazón.

La guía moral (Mateo 7)

"No juzguéis para que no seáis juzgados" (Mateo 7:1-5)

Jesús nos llama a ser realistas acerca de nosotros mismos para que evitemos criticar o juzgar a alguien más:

"No juzguéis para que no seáis juzgados. Porque con el juicio con que juzguéis, seréis juzgados; y con la medida con que midáis, se os medirá. ¿Y por qué miras la mota que está en el ojo de tu hermano, y no te das cuenta de la viga que está en tu propio ojo? ¿O cómo puedes decir a tu hermano: "Déjame sacarte la mota del ojo", cuando la viga está en tu ojo? ¡Hipócrita! Saca primero la viga de tu ojo, y entonces verás con claridad para sacar la mota del ojo de tu hermano". (**Mt 7:1–5**)

Puede parecer que esto plantea un problema para el lugar de trabajo. A menudo, el trabajo exitoso depende de las evaluaciones del carácter y la labor de otras personas. Los jefes deben evaluar a sus subordinados y en algunas organizaciones, los subordinados evalúan a sus jefes. Muchas veces debemos decidir en quién confiar, a quién escoger como socio, a quién darle empleo o a qué organización nos uniremos. Pero el versículo 5, con la palabra *hipócrita* y la amonestación de, "Saca primero la viga de tu ojo", muestra que Jesús está hablando en contra del juicio falso o innecesario, no de la evaluación honesta. El problema es que hacemos juicios constantemente sin darnos cuenta. La imagen mental que tenemos de otras personas en nuestro trabajo está compuesta más por nuestras percepciones sesgadas que por la realidad. En parte, esto se debe a que vemos en otros lo que nos hace sentir mejores que ellos. En parte, es para justificar nuestras acciones cuando no obramos como siervos de los demás. En parte, es porque nos falta el tiempo o la disposición para descubrir cuál es la información correcta, ya que es mucho más fácil guardar impresiones aleatorias.

Puede que sea imposible acabar con estas críticas falsas por nuestra cuenta y es por eso que los sistemas de evaluación consistentes y objetivos son tan importantes en los lugares de trabajo. Un buen sistema de evaluación del rendimiento requiere que los gerentes busquen evidencia real del desempeño, discutan las percepciones divergentes con los empleados y reconozcan los sesgos comunes. A nivel personal, entre pares sin relaciones de autoridad, se puede llegar a esa misma imparcialidad si cada uno se pregunta, "¿qué tengo que ver en esto?" cuando nota que está juzgando a otra persona. "¿Qué evidencia me lleva a esa conclusión? ¿Cómo me beneficia este juicio? ¿Qué diría esa persona en respuesta a este juicio?" Tal vez la forma más segura de quitar la viga de nuestro propio ojo es hablar directamente con la otra persona acerca de nuestros juicios y pedirle que presente su punto de vista acerca de nuestra percepción. (Consulte la sección sobre resolución de conflictos en **Mateo 18:15–17**).

La regla de oro (Mateo 7:12)

"Todo cuanto queráis que os hagan los hombres, así también haced vosotros con ellos, porque esta es la ley y los profetas" (**Mt 7:12**). Esto nos lleva de regreso a la verdadera justicia, la reparación y el mantenimiento de relaciones correctas en el trabajo y en todo lugar. Si solamente tenemos tiempo para hacernos una pregunta antes de realizar una acción basada en una decisión respecto de otra persona, la mejor puede ser, "¿es así como quisiera que lo hicieran conmigo?"

Señor, ten misericordia (Mateo 8-9)

En los capítulos 5 al 7, escuchamos a Jesús enseñando acerca del reino de los cielos que viene a la tierra. En los capítulos 8 al 9, lo vemos promulgando ese reino por medio de obras de compasión y misericordia: sanando a un leproso marginado (**Mt 8:1–4**), teniendo compasión de un oficial de las fuerzas ocupantes de los romanos (**Mt 8:5–20**) y liberando endemoniados que se encuentran en medio de la más grande miseria (**Mt 8:28–9:1**). En todos estos casos, la compasión de Jesús lo lleva a actuar para reivindicar la creación de Dios. De igual manera, la compasión de Sus seguidores se puede expresar en formas prácticas.

Al evidenciar la venida del reino, Jesús les llama "obreros" a Sus seguidores (**Mt 9:37–38**). A algunos de nosotros se nos llama a trabajar en la sanación física y emocional, un trabajo similar al de Jesús en estos capítulos. Otros son llamados a ocupaciones que proporcionan alimento, agua, refugio, transporte, educación, atención médica, justicia, seguridad o buena administración, un trabajo similar al de Jesús cuando proporcionó artículos de madera hasta alrededor de sus treinta años. Teniendo en cuenta el tiempo que pasó sanando personas, es sorprendente que la mayoría considere a Jesús como un predicador y no un doctor. Otras personas son llamadas a expresar su creatividad por medio del arte, el emprendimiento, el diseño, la moda, la investigación y el desarrollo, por el hecho de ser creados a la imagen de un Dios creativo (Gn 1). El punto es que para Jesús no existe una separación entre lo secular y lo sagrado, entre los aspectos espirituales y físicos de anunciar el reino de Dios.

Los obreros son dignos de su alimento (Mateo 10)

En el capítulo 10, Jesús envía a sus discípulos a proclamar el reino venidero y a evidenciarlo por medio de actos poderosos de misericordia y compasión. Él les ordena que no lleven provisiones para sus necesidades (**Mt 10:9–10**), sino que dependan de la generosidad de otros y también deja claro que el evangelio no se debe convertir en un tema de comercio: "de gracia recibisteis, dad de gracia" (**Mt 10:8**).

La lección para nosotros es que ganar dinero y pensar en las finanzas no es malo, de hecho, es por medio de nuestro trabajo que Dios nos provee, porque "el obrero es digno de su alimento" (**Mt 10:10** RVC). Sin embargo, la advertencia es que no debemos permitir que las ganancias se conviertan en nuestro enfoque principal en el trabajo. Como trabajadores bajo las órdenes del Señor del nuevo reino, nuestro enfoque principal se encuentra en el valor del trabajo, no en el salario. Las instrucciones de Jesús aquí tienen el propósito de mantener a Dios como la prioridad en nuestro corazón (consultar **Santiago 4:13–16**). No importa de quién sea la firma en la parte baja del cheque de pago, a fin de cuentas es Dios quien provee los fondos.

Historia de dos reinos (Mateo 11-17)

Al recorrer el Evangelio de Mateo, vemos que aumenta la oposición al mensaje y las acciones de Jesús. Eso llega a un punto culminante en **Mateo 12:14**, cuando los líderes religiosos deciden detenerlo incluso si eso significa matarlo. Esto anuncia y conduce al final al cual apunta toda la narrativa: la crucifixión de Jesús en Jerusalén. A pesar de saber lo que le espera, Jesús les dice a Sus seguidores:

"Venid a Mí, todos los que estáis cansados y cargados, y Yo os haré descansar. Tomad Mi yugo sobre vosotros y aprended de Mí, que soy manso y humilde de corazón, y hallareis descanso para vuestras almas. Porque Mi yugo es fácil y Mi carga ligera". (**Mt 11:28–30**)

Si trabajamos con el yugo de Cristo, encontraremos satisfacción y experimentaremos buenas relaciones con Dios y las personas. Cuando Dios le dio trabajo a Adán en el jardín del Edén, el trabajo era fácil y la carga ligera bajo la autoridad de Dios. Cuando Adán y Eva se revelaron en contra de su Hacedor, el carácter del trabajo cambió a algo difícil con espinos y abrojos (Gn 3). Jesús nos invita a trabajar con Su yugo, con la promesa de descanso para nuestra alma. (Para más información sobre el trabajo con el yugo de Cristo, ver **"2 Corintios 6:14–18"** en **"2 Corintios y el trabajo"**).

El trabajo en el Sabbath (Mateo 12:1-8)

Una de las áreas principales de conflicto entre Jesús y Sus opositores era en cuanto a guardar el Sabbath. En este pasaje, líderes religiosos critican a Jesús por permitir que Sus seguidores arrancaran y comieran grano en el Sabbath. Los fariseos veían esta práctica como trabajo, lo cual estaba prohibido el día de reposo, pero Jesús rechaza tanto su interpretación como su motivación. Él argumenta que arrancar el grano suficiente para satisfacer el hambre inmediata no quebranta el Sabbath, porque tanto el rey David como los sacerdotes del templo lo hicieron sin ser reprendidos por Dios (**Mt 12:3–5**). Además, la motivación del cumplimiento verdadero de la ley de Moisés debería ser la compasión y la misericordia (**Mt 12:6**). El amor de Dios por la misericordia (permitir que las personas hambrientas arranquen el grano para comer) es más grande que el deseo de Dios por sacrificio (seguir las normas del Sabbath), como ya había sido revelado en **Miqueas 6:6–8**. El regalo de un día de reposo semanal es una promesa de Dios de que no tenemos que trabajar incesantemente solo para hacer que el dinero alcance. Por lo tanto, no existe una sentencia en contra de aliviar el hambre o la necesidad de alguien en el Sabbath.

La relación entre el Sabbath judío y el día de adoración cristiana el domingo, junto con la aplicación de la ley judía del Sabbath a la vida cristiana se discuten con más profundidad en las secciones de **"Marcos 1:21–45"** y **"Marcos 2:23–3:6"** en **"Marcos y el trabajo"** y las secciones de **"Lucas 6:11; 3:10–17"** en **"Lucas y el trabajo"**.

Las parábolas del reino (Mateo 13)

Desde el capítulo 13, al enfrentar la oposición, el estilo de enseñanza de Jesús cambia. En vez de proclamar el reino claramente, comienza a hablar por medio de parábolas que son significativas para los creyentes pero incomprensibles para los no creyentes. La mayoría de estas breves historias tratan acerca de trabajadores: un sembrador que planta un campo (**Mt 13:3–9**), una mujer amasando levadura en el pan (**Mt 13:33**), un cazador de tesoros (**Mt 13:44**), un mercader de perlas (**Mt 13:45–46**), algunos pescadores (**Mt 13:47–50**) y un dueño de casa (**Mt 13:52**). En su mayoría, estas historias no se tratan del trabajo que describen. Jesús no nos dice cuál es la forma correcta de plantar un campo, cómo hornear el pan o cómo invertir en mercancías. En cambio, Jesús usa los objetos materiales y el trabajo del ser humano como elementos de historias que nos dan a conocer el reino de Dios. Nuestro trabajo tiene la capacidad de ser significativo, incluso de ilustrar realidades eternas. Esto nos recuerda que nosotros y el mundo a nuestro alrededor fluyen de la creación de Dios y que seguimos siendo partes del reino de Dios.

El pago de impuestos (Mateo 17:24-27 y 22:15-22)

En la época de Jesús, los judíos pagaban impuestos tanto locales (al templo judío) como al gobierno pagano en Roma. Mateo registra dos instancias diferentes que describen la perspectiva de Jesús en cuanto al pago de impuestos. El primer incidente se registra en **Mateo 17:24–27**, en donde los recaudadores del impuesto del templo le preguntan a Pedro si Jesús paga ese impuesto. Jesús, conociendo la conversación, le pregunta a Pedro, "¿Qué te parece, Simón? ¿De quiénes cobran tributos o impuestos los reyes de la tierra, de sus hijos o de los extraños?" Pedro le responde, "De los extraños". Jesús le responde: "Entonces los hijos están exentos. Sin embargo, para que no los escandalicemos, ve al mar, echa el anzuelo, y toma el primer pez que salga; y cuando le abras la boca hallarás un estáter; (moneda de plata) tómalo y dáselo por ti y por Mí".

El segundo incidente es concerniente al impuesto romano y se encuentra en **Mateo 22:15–22**. Aquí los fariseos y los herodianos quieren ponerle una trampa a Jesús y le preguntan, "¿Es lícito pagar impuesto al César, o no?" Jesús conoce la malicia de sus corazones y les responde con una pregunta cortante: "¿Por qué me ponéis a prueba, hipócritas? Mostradme la moneda que se usa para pagar ese impuesto". Cuando ellos le traen un denario, Él les pregunta: "¿De quién es esta imagen y esta inscripción?" Y ellos le dijeron: "Del César". Jesús termina la conversación diciendo, "Pues dad al César lo que es del César, y a Dios lo que es de Dios".

Nuestra verdadera ciudadanía está en el reino de Dios y por eso destinamos nuestros recursos para los propósitos de Dios, pero también le damos a los poderes terrenales lo que es debido. Pagar impuestos es una de las obligaciones fundamentales que nosotros como ciudadanos o residentes asumimos por los servicios que disfrutamos en una sociedad civilizada. Aquellos servicios incluyen el trabajo del personal encargado de la primera intervención (la policía, los bomberos, el personal de la salud y otros), así como las redes sociales que existen para asegurar la justicia o ayudar a los pobres, los ancianos y otras personas en necesidad. El gobierno del Imperio romano no funcionaba principalmente para el beneficio de las personas del común, pero aun así proporcionaba carreteras, agua, vigilancia policial y algunas veces asistencia para los pobres. Puede que no siempre estemos de acuerdo en el tipo o el alcance de los servicios que nuestros gobiernos deberían ofrecer, pero sabemos que nuestros impuestos son esenciales para proveer para nuestra protección personal y para ayudar a aquellos que no pueden ayudarse a sí mismos.

Aunque no toda actividad gubernamental cumpla con los propósitos de Dios, Jesús no nos llama a que incumplamos las exigencias de las naciones en donde vivimos (**Ro 13:1–10; 1Ts 4:11–12**). En resumen, Jesús está diciendo que no necesariamente tenemos que negarnos a pagar impuestos como cuestión de principio. Cuando sea posible, debemos vivir "en paz con todos" (**Ro 12:18; Heb 12:14**; comparar con **1P 2:12**), mientras que también vivimos como una luz que brilla en la oscuridad (**Mt 5:13–16; Fil 2:15**). Tener un empleo y negarse a pagar los impuestos de forma que le traiga deshonra al reino de Dios, no sería ni pacífico ni simpático.

Esto tiene aplicaciones directas en el trabajo. Los lugares de trabajo están sujetos a ciertas leyes y poderes gubernamentales aparte de los impuestos. Algunos gobiernos tienen leyes y prácticas que pueden estar contra los propósitos y la ética cristiana, como ocurría en Roma en el primer siglo. Los gobiernos o sus empleados pueden exigir sobornos, imponer normas y regulaciones poco éticas, someter a las personas al sufrimiento y la injusticia y usar los impuestos con propósitos contrarios a la voluntad de Dios. Como con los impuestos, Jesús no demanda que opongamos resistencia a absolutamente todos estos abusos. Somos como espías o guerrillas en territorio enemigo y no podemos quedarnos atascados luchando contra el reino enemigo en todos sus fuertes. En cambio, debemos actuar estratégicamente, siempre preguntándonos qué favorecerá más el establecimiento del reino de Dios en la tierra. Sin embargo, es claro que nunca debemos participar en prácticas abusivas para nuestro propio beneficio. (Este tema también se discute en **"Lucas 19:1–10; 20:20–26"** en **"Lucas y el trabajo"**).

La vida en el nuevo reino (Mateo 18-25)

En los capítulos 18 al 25 del Evangelio de Mateo, Jesús presenta imágenes concretas de cómo es la vida en el reino de Dios. En muchos casos, estas imágenes aplican en particular en el trabajo.

La resolución de conflictos (Mateo 18:15-35)

En todos los lugares de trabajo hay conflictos. En este pasaje, Jesús nos da una pauta para tratar con alguien que nos ha hecho daño. Él no dice, "¡busquen venganza!" o "¡devuelvan el golpe!" En cambio, expone un proceso que comienza con buscar la reconciliación uno a uno. La bienaventuranza de la humildad implica poner a un lado la autojustificación, tanto como para expresarse de manera respetuosa y objetiva frente a quien lo ha herido, y estar dispuesto a escuchar su perspectiva (**Mt 18:15**). Esto no significa someterse a abusos más adelante, sino estar dispuesto a aceptar la posibilidad de que su percepción no es universal. Pero en caso de que eso no resuelva el conflicto, el segundo paso o el plan b es pedirles a algunas personas que los conozcan a los dos, que lo acompañen mientras trata de nuevo el tema con la persona que le hizo daño o lo perjudicó. Si el conflicto sigue sin resolverse, entonces debe llevar el tema al liderazgo (la iglesia, en **Mateo 18:16**, la cual está tratando conflictos en la iglesia específicamente) para que ellos juzguen de forma imparcial. Si esto no resuelve el problema, el ofensor que no acate el juicio debe ser expulsado de la comunidad (**Mt 18:17**).

Aunque Jesús estaba hablando sobre conflictos con "otro miembro de la iglesia" (**Mt 18:15**), su método es un precursor extraordinario de la que ahora es conocida como la mejor práctica en el trabajo. Incluso en los mejores lugares de trabajo surgen conflictos. Cuando esto ocurre, la única solución eficaz es que aquellos en conflicto hablen directamente y que no que se quejen con otras personas. En vez de representar un conflicto personal en frente de una audiencia, reúnase con la persona en privado. En la era de la comunicación electrónica, el método de Jesús es aún más importante. Solo hace falta un nombre o dos en el campo "cc:" o hacer clic en el botón de "responder a todos" para convertir un simple desacuerdo en una contienda de toda la oficina. Incluso si las dos personas mantuvieran una cadena de correos electrónicos como algo privado, las posibilidades de un malentendido se multiplican cuando se usa un medio impersonal como el correo electrónico. Puede que sea mejor tomar el consejo de Jesús de forma literal: "ve y repréndelo a solas" (**Mt 18:15**).

Señalar la falta es una acción recíproca. También debemos estar dispuestos a escuchar las faltas que nos señalan a nosotros. Escuchar —en estos tres versículos, Jesús menciona la escucha *cuatro veces*— es el aspecto crucial. Los modelos contemporáneos de resolución de conflictos se centran por lo general en hacer que las partes se escuchen una a la otra, incluso conservando la opción del desacuerdo. Con frecuencia, escuchar de forma atenta lleva al descubrimiento de una resolución que las dos partes pueden aceptar. Si esto no ocurre, se puede solicitar la intervención de otras personas con las habilidades y autoridad apropiadas.

El joven rico (Mateo 19:16-30)

El problema del dinero, que discutimos anteriormente en Mateo 6, vuelve a aparecer en la historia del joven rico que se acercó a Jesús y le preguntó, "¿qué bien haré para obtener la vida eterna?" Jesús le responde que debe guardar los mandamientos y él contesta que lo ha hecho. Un elemento distintivo en la narrativa de Mateo es que después, el joven le pregunta a Jesús, "¿qué me falta todavía?" Esta pregunta demuestra que tiene un gran conocimiento. Podemos hacer cualquier cosa que parezca buena, pero en el fondo sabemos que algo falta todavía. Jesús responde, "ve y vende lo que posees y da a los pobres, y tendrás tesoro en los cielos; y ven, sígueme" (**Mt 19:21**).

En los cuatro Evangelios podemos ver que Jesús no les pidió a todos Sus seguidores que renunciaran a sus posesiones. No todas las personas están tan agobiadas por sus posesiones como este hombre. En su caso, el desafío era radical debido a su fuerte apego a la riqueza (**Mt 19:22**). Dios sabe exactamente lo que hay en nuestros corazones y lo que es necesario mientras le servimos.

¿Nuestro tesoro está en nuestro trabajo, empleo, rendimiento y habilidades o en los fondos de jubilación? Estas son cosas buenas (son regalos de Dios), pero son secundarias respecto a buscar primeramente el reino de Dios (**Mt 6:33**) y una relación correcta (justa) con Dios y otras personas. Sostenemos nuestra riqueza y nuestro trabajo con las manos abiertas no sea que, como el joven rico, terminemos apartándonos con tristeza de Dios. (Esta historia se discute con mayor profundidad en la sección **"Marcos 10:17–31"** y **"Lucas 18:18–30"**).

Los trabajadores de la viña (Mateo 20:1-16)

Esta parábola se encuentra únicamente en el Evangelio de Mateo y se trata del dueño de una viña que contrata a unos jornaleros en diferentes momentos del día. Los que fueron contratados a las seis de la mañana trabajan todo el día y los que fueron contratados a las cinco de la tarde solamente trabajan una hora. Sin embargo, el dueño de la viña les paga a todos el salario del día completo (un denario). Él se asegura de que todos sepan que están recibiendo el mismo pago a pesar de que trabajaran durante una cantidad de horas diferente. No es sorprendente que aquellos que fueron contratados primero se quejen de que trabajaron más y no ganaron más dinero que los que comenzaron a trabajar tarde.

Pero respondiendo él [el dueño], dijo a uno de ellos: "Amigo, no te hago ninguna injusticia; ¿no conviniste conmigo en un denario? ... "¿No me es lícito hacer lo que quiero con lo que es mío? ¿O es tu ojo malo porque yo soy bueno?" Así, los últimos serán primeros, y los primeros, últimos". (**Mt 20:13, 15–16**)

A diferencia de la parábola del sembrador (**Mt 13:3–9; 18–23**), Jesús no proporciona una interpretación específica, por lo cual, los eruditos han hecho muchas interpretaciones. Ya que el pueblo en la historia se compone de trabajadores y administradores, algunos aseguran que se trata del trabajo. En ese caso, parece concluir, "no compare su salario con el de los demás" o "no esté insatisfecho si otros reciben una mejor paga o si trabajan menos que usted en un trabajo similar". Se podría argumentar que estas son buenas prácticas para los trabajadores. Si usted gana un salario decente, ¿por qué debería sentirse miserable si a otros les va mejor? Sin embargo, esta interpretación de la parábola también se puede usar para justificar las prácticas laborales injustas o abusivas.

Algunos trabajadores pueden recibir salarios más bajos por razones injustas, como la raza, el sexo o la condición migratoria. ¿Jesús quiere decir que debemos estar contentos cuando nosotros u otros trabajadores son tratados de forma injusta?

Por otra parte, pagarles lo mismo a los empleados sin considerar cuánto trabajo hacen es una práctica de negocios cuestionable. ¿Esto no motivaría a todos los trabajadores para llegar al trabajo a las cinco de la tarde el día siguiente? ¿Y qué hay de hacer público el sueldo de todos? Aunque sí reduce la intriga, ¿es una buena idea obligar a los que trabajan más horas a que vean mientras que otros, que trabajaron solo una hora, reciben exactamente el mismo sueldo? Parece una acción deliberada para causar un enfrentamiento laboral. Si tomamos la parábola literalmente, no parece que pagar por un mal desempeño sea una receta para el éxito empresarial. ¿En realidad Jesús promueve esta práctica salarial?

Tal vez la parábola no trata realmente acerca del trabajo. Como contexto, encontramos los ejemplos sorprendentes de Jesús sobre aquellos que pertenecen al reino de Dios: por ejemplo, los niños (**Mt 19:14**), que legalmente ni siquiera son dueños de sí mismos. Él aclara que el reino no les pertenece a los ricos o al menos no a muchos de ellos (**Mt 19:23–26**), sino que les pertenece a aquellos que lo siguen, en particular si sufren pérdidas por esa causa. "Muchos primeros serán últimos, y los últimos, primeros" (**Mt 19:30**). Inmediatamente después de esta parábola encontramos otro final con las mismas palabras: "los últimos serán primeros, y los primeros, últimos" (**Mt 20:16**). Esto indica que la historia es una continuación de la discusión acerca de aquellos a quienes les pertenece el reino. La entrada al reino de Dios no se gana por nuestro trabajo o acción, sino por la generosidad de Dios.

Una vez que entendemos que la parábola se trata de la generosidad de Dios en el reino de los cielos, aún nos podemos seguir preguntando cómo aplica en el trabajo. Si usted está recibiendo un sueldo justo, el consejo acerca de estar contento con su salario sigue vigente. Si otro trabajador recibe un beneficio inesperado, ¿no sería mejor alegrarse en vez de refunfuñar?

Pero también existe una aplicación más amplia. El dueño en la parábola les paga a todos los trabajadores lo suficiente para sustentar a sus familias. La situación social en la época de Jesús era que muchos pequeños agricultores eran expulsados de sus tierras por causa de las deudas que debían adquirir para pagar los impuestos romanos. Esto incumplía el mandato del Dios de Israel de que la tierra no se le podía quitar a las personas que la trabajaban (**Lv 25:8–13**), pero por supuesto, esto no les importaba a los romanos. Por consiguiente, grandes grupos de hombres desempleados se reunían cada mañana, esperando que los contrataran por el día. Eran los trabajadores desplazados, desempleados y subempleados de la época. Los que siguen esperando a las cinco de la tarde tienen poca oportunidad de ganar lo suficiente para comprar el alimento de día para sus familias, pero de todas formas, el dueño de la viña les paga incluso a ellos el salario del día completo.

Si el dueño de la viña representa a Dios, este es un mensaje poderoso de que en el reino de Dios, los trabajadores desplazados y desempleados pueden encontrar un trabajo que cubra sus necesidades y las necesidades de los que dependen de ellos. Ya hemos visto a Jesús diciendo que "el obrero es digno de su alimento" (**Mt 10:10** RVC). Esto no significa necesariamente que los empleadores terrenales tienen la responsabilidad de satisfacer todas las necesidades de sus empleados. Los empleadores terrenales no son Dios. Más bien, la parábola es un mensaje de esperanza para todos los que luchan por encontrar un empleo adecuado. En el reino de Dios, todos encontraremos un trabajo que satisfará nuestras necesidades. Además, la parábola también es un reto para aquellos que están involucrados en determinar las estructuras del trabajo en la sociedad actual. ¿Los cristianos pueden hacer algo para potenciar este aspecto del reino de Dios en la actualidad?

El liderazgo de siervo (Mateo 20:20-28)

A pesar de esta parábola de la gracia y generosidad de Dios y a pesar de escuchar que Jesús dice dos veces que el primero será el último y los últimos, primeros, los discípulos siguen sin entender la idea. La madre de Jacobo y Juan le pide a Jesús que les conceda a sus dos hijos los lugares más prominentes en Su reino venidero. Los dos hombres están allí y Jesús se dirige a ellos y les pregunta, "¿Podéis beber la copa que yo voy a beber?" A lo que ellos responden, "Podemos". Cuando los otros diez discípulos escucharon esto, se enojaron. Jesús aprovecha esta oportunidad para objetar sus ideas acerca del protagonismo.

"Sabéis que los gobernantes de los gentiles se enseñorean de ellos, y que los grandes ejercen autoridad sobre ellos. No ha de ser así entre vosotros, sino que el que quiera entre vosotros llegar a ser grande, será vuestro servidor, y el que quiera entre vosotros ser el primero, será vuestro siervo; así como el Hijo del Hombre no vino para ser servido, sino para servir y para dar Su vida en rescate por muchos". (**Mt 20:25–28**)

El verdadero liderazgo se encuentra en servir a otros, lo que será evidente de distintas formas dependiendo del trabajo y la situación. Esto no significa que un Director ejecutivo deba tomar un turno mensual para barrer los pisos o limpiar los inodoros, ni que cualquier trabajador pueda decir que está ayudando a otra persona como una excusa para no hacer bien su trabajo. Significa que realizamos todo nuestro trabajo con la intención de servir a nuestros clientes, compañeros de trabajo, accionistas y a quienes afecte nuestra labor. Max De Pree fue Director ejecutivo por un largo periodo de tiempo en Herman Miller y fue miembro del Salón de la fama de *Fortune*. Él escribió en su libro *Leadership Is an Art* [El liderazgo es un arte] que "la primera responsabilidad de un líder es definir la realidad y la última es decir 'gracias'. Entre estas dos, el líder se debe convertir en un siervo y un deudor. Eso resume el progreso de un líder ingenioso".

El siervo es la persona que reconoce su propia **pobreza espiritual (Mt 5:3)** y ejerce el **poder bajo el control de Dios (Mt 5:5)** para mantener **relaciones correctas**. El líder siervo se **disculpa por sus errores (Mt 5:4)**, muestra **misericordia** cuando otros fallan (**Mt 5:7**), **fomenta la paz** cuando es posible (**Mt 5:9**) y soporta el **criticismo inmerecido cuando procura servir a Dios (Mt 5:10)** con **integridad (Mt 5:8)**. Jesús establece el patrón por medio de Sus propias acciones a nuestro favor (**Mt 20:28**). Por tanto, demostramos que somos seguidores de Cristo al seguir Su ejemplo.

La parábola de los dos hijos (Mateo 21:28-41)

———

La parábola de los dos hijos (**Mt 21:28–32**) se trata de dos hermanos a quienes su padre les pide que vayan a trabajar en su viña. Uno de ellos responde que lo hará, pero no lo hace. El otro le dice a su padre que no irá, pero termina trabajando todo el día en la viña. Entonces, Jesús pregunta: "¿Cuál de los dos hijos hizo la voluntad de su padre?" La respuesta es clara: el que en efecto fue a trabajar, aunque inicialmente se rehusara a hacerlo. Esta parábola es la continuación de historias anteriores en Mateo acerca de las personas que en realidad son parte del reino de Dios. Jesús les dice a los líderes religiosos en la audiencia: "los recaudadores de impuestos y las rameras entran en el reino de Dios antes que vosotros" (**Mt 21:31**). Las personas que parecen menos religiosas entrarán al reino de Dios antes que los líderes religiosos porque, a fin de cuentas, ellos son los que hacen la voluntad de Dios.

En el trabajo, esto nos recuerda que las acciones hablan más fuerte que las palabras. Muchas organizaciones tienen una declaración de objetivos que dice que sus propósitos principales son el servicio al cliente, la calidad del producto, la integridad civil, las personas como prioridad y cosas similares. Sin embargo, el servicio, la calidad y la integridad de muchas de esas organizaciones son deficientes, igual que las relaciones con sus empleados. Los individuos pueden hacer lo mismo, elogiando sus planes pero fallando al implementarlos. Las organizaciones y los individuos que caen en esta trampa pueden tener buenas intenciones y puede que no reconozcan que no están viviendo a la altura de su propia retórica. Los lugares de trabajo necesitan tanto sistemas eficientes para implementar su misión y metas, como sistemas de monitoreo imparciales que den una retroalimentación sin adornos.

La parábola de los labradores malvados (Mateo 21:33-41)

Justo después encontramos la parábola de los labradores malvados (**Mt 21:33–41**), la cual ocurre en un lugar de trabajo, concretamente, una viña. Sin embargo, Jesús aclara que no está hablando acerca de administrar una viña, sino de ser rechazado y de su muerte venidera por incitación de las autoridades religiosas judías de Su época (**Mt 21:45**). La clave para aplicarlo al lugar de trabajo actual es el versículo 43: "el reino de Dios os será quitado y será dado a una nación que produzca sus frutos". A todos se nos han dado responsabilidades en el trabajo. Si nos negamos a cumplirlas en obediencia a Dios, estamos en conflicto con el reino de Dios. En todos los trabajos, la evaluación final de nuestro desempeño viene de Dios.

El gran mandamiento tiene un gran alcance (Mateo 22:34-40)

Los líderes judíos en la época de Jesús a menudo discutían por causa de la importancia relativa de los mandamientos. La perspectiva de algunos era que guardar el Sabbath era el mandamiento más importante. Otros pensaban que el más importante era la circuncisión. Otros habían creído, así como muchos judíos modernos en la actualidad, que el mandamiento más importante se encuentra en **Deuteronomio 6:5** "Amarás al Señor tu Dios con todo tu corazón, con toda tu alma y con toda tu fuerza".

Así que cuando un abogado le pide a Jesús que opine sobre la pregunta, "¿cuál es el gran mandamiento de la ley?" (**Mt 22:36**), le pudo estar pidiendo a Jesús que escogiera un bando en un debate que ya era contencioso.

Pero Jesús se sumerge en una nueva área de conocimiento al responder no solo cuál mandamiento es el más grande, sino la forma en la que las personas lo pueden cumplir. "Amarás al Señor tu Dios con todo tu corazón, y con toda tu alma, y con toda tu mente", y luego agrega un segundo mandamiento, de **Levítico 19:18**, "Amarás a tu prójimo como a ti mismo". Jesús une el segundo con el primero, diciendo que "es semejante". (Ver **"Amar al prójimo como a uno mismo (Levítico 19:17–18)"**). A través de la lógica de Jesús, amar a Dios está ligado de forma inseparable con amar a las demás personas. Juan hace eco de esta afirmación cuando dice, "Si alguno dice: Yo amo a Dios, y aborrece a su hermano, es un mentiroso" (**1Jn 4:20**).

El trabajo es un medio principal por el cual amamos a otras personas. Con frecuencia, es en nuestro lugar de trabajo donde encontramos la mayor diversidad de personas, y su cercanía a nosotros día tras día nos presenta el reto único de amar a quienes son diferentes a nosotros. También amamos a los demás por medio de nuestro trabajo cuando este satisface las necesidades importantes de los clientes u otras partes interesadas. Para consultar más ejemplos, ver **"Nuestro trabajo cumple el gran mandamiento" (Marcos 12:28–34)** y **"El trabajo del buen samaritano – Amar a su prójimo como a usted mismo (Lucas 10:25–37)"**.

Sin embargo, Jesús no solo nos ordena que amemos a otros, sino que los amemos como nos amamos a nosotros mismos. ¿Cómo se evidencia este aspecto en el lugar de trabajo? Lo vemos cuando una cocinera revisa dos veces la temperatura interna de una hamburguesa después de que alguien pregunta, "¿te parece que está bien?", ya que eso es lo que ella haría si estuviera preparando la hamburguesa para ella misma. Es evidente cuando un vendedor llama a un colega más experimentado porque un cliente le hizo una pregunta de la que no conoce la respuesta con certeza —en vez de dar una respuesta que piensa que es correcta—, porque él querría esa información antes de hacer la compra. Se puede ver en un mecánico que desbarata el trabajo que hizo con los frenos que acaba de completar, porque escuchó un ruido extraño y eso es lo que él querría hacer si este fuera su propio auto. Lo vemos en un hombre de negocios que le pregunta a sus colegas, "¿es posible que no estemos tomando en serio su opinión porque es una mujer?" sabiendo que él querría que un colega lo defendiera si estuviera involucrado en un malentendido.

Estos son ejemplos pequeños, pero cada uno de ellos cuesta algo —una comisión que se pierde, una hora de tiempo que no se puede facturar, una noche de poco sueño, el acceso al círculo íntimo del poder. Todo nuestro trabajo tiene el potencial de servir y por tanto, amar a nuestro prójimo. Pero amar al prójimo como a usted mismo, puede que requiera tomar riesgos que con seguridad tomaríamos para beneficiar nuestros propios objetivos, pero que parecen amenazantes cuando los tomamos solo para el beneficio de alguien más. En realidad es un estándar alto y tal vez es por eso que Jesús integra "amarás a tu prójimo como a ti mismo" con "amarás al Señor" en el gran mandamiento.

La parábola del siervo fiel (Mateo 24:45-51)

Esta parábola se trata de un siervo que quedó a cargo de toda una casa. Esto incluye la responsabilidad de darles a los otros siervos su asignación de alimento en el momento apropiado. Jesús dice, "Dichoso aquel siervo a quien, cuando su señor venga, lo encuentre haciendo así" (**Mt 24:46**). A ese siervo se le darán responsabilidades adicionales. Por otra parte, Jesús señala,

"Pero si aquel siervo es malo, y dice en su corazón: "Mi señor tardará"; y empieza a golpear a sus consiervos, y come y bebe con los que se emborrachan, vendrá el señor de aquel siervo el día que no lo espera, y a una hora que no sabe, y lo azotará severamente y le asignará un lugar con los hipócritas; allí será el llanto y el crujir de dientes". (**Mt 24:48–51**)

En el contexto del lugar de trabajo moderno, el siervo sería lo equivalente a un gerente que tiene una obligación con los dueños mientras administra a otros trabajadores. Los intereses del dueño son satisfechos solo cuando las necesidades de los trabajadores son satisfechas. El gerente tiene responsabilidades tanto con los que son autoridad sobre él, como con sus subordinados. Jesús dice que la tarea del líder siervo es trabajar por los intereses de sus subordinados y también de sus autoridades. No puede dar excusas por maltratar a sus subordinados diciendo que de alguna forma es por el beneficio de sus superiores. Esta realidad se describe de forma dramática en el castigo impuesto al trabajador que se preocupa solo por sus propios intereses (**Mt 24:48–51**).

La parábola de los talentos (Mateo 25:14-30)

Una de las parábolas más significativas de Jesús respecto del trabajo se da en el contexto de las inversiones (**Mt 25:14–30**). Un hombre rico delega la administración de su riqueza a sus siervos, así como los inversionistas hacen en los mercados actuales. Al primer siervo le da cinco talentos (una cantidad grande de dinero) al segundo dos talentos y al tercero, un talento. Dos de los siervos obtienen un rendimiento del cien por ciento al comerciar con sus fondos, pero el tercer siervo esconde el dinero en la tierra y no gana nada. Cuando el hombre rico regresa, recompensa a los dos que ganaron dinero, pero castiga severamente al siervo que no hizo nada.

El significado de la parábola se extiende mucho más allá de la inversión financiera. Dios le ha dado a cada persona una gran variedad de dones y espera que los usemos para Su servicio. No es aceptable solamente poner esos dones en un estante e ignorarlos. Igual que los tres siervos, no todos tenemos talentos en el mismo nivel. El rendimiento que Dios espera de nosotros es proporcional a los talentos que nos ha dado. El siervo que recibió un talento no fue condenado por no alcanzar la meta de cinco talentos, sino que fue condenado porque no hizo nada con lo que había recibido. Los **dones que recibimos de Dios** incluyen destrezas, habilidades, relaciones de parentesco, posiciones sociales, educación, experiencias y más. La cuestión de la parábola es que debemos usar lo que sea que se nos haya dado para los propósitos de Dios. Las consecuencias severas para el siervo improductivo, más allá de cualquier cosa causada por su simple mediocridad en los negocios, nos dicen que debemos invertir nuestra vida, no desperdiciarla.

Sin embargo, el talento particular que se invierte en la parábola es *dinero*, por un valor que rodea el millón de dólares estadounidenses en la actualidad. En español moderno, este hecho se desdibuja porque la palabra *talento* se ha venido a referir principalmente a *destrezas* o *habilidades*. Pero esta parábola se refiere a dinero. Describe la inversión, no la acumulación, como una acción que es piadosa si alcanza propósitos piadosos de una forma piadosa. Al final, el amo alaba a los dos siervos fieles diciendo, "Bien hecho, mi buen siervo fiel" (**Mt 25:23 NTV**). Por estas palabras vemos que el amo se preocupa por los resultados ("bien hecho"), los métodos ("buen") y la motivación ("fiel").

Un aspecto que es más significativo para el lugar de trabajo es que elogia el poner en riesgo un capital con miras a obtener un rendimiento. Algunas veces, los cristianos hablan como si el crecimiento, la productividad y el rendimiento de una inversión fueran algo profano para Dios. Sin embargo, esta parábola anula esa idea. Debemos invertir nuestras destrezas y habilidades, pero también nuestra riqueza y los recursos que tenemos disponibles en el trabajo, todo por los asuntos del reino de Dios. Esto incluye la producción de bienes y servicios necesarios. El voluntario que enseña en la escuela dominical está cumpliendo esta parábola, igual que el emprendedor que comienza un nuevo negocio y les da empleo a otras personas, el administrador de servicios de salud que inicia una campaña de sensibilización sobre el VIH/SIDA y el operador de maquinaria que desarrolla una innovación de procesos.

Dios no dota a las personas con dones idénticos o necesariamente equitativos. Si usted hace lo mejor que puede con los dones que Dios le ha dado, lo escuchará diciendo "bien hecho". No son solo los dones los que tienen un valor igual, también las personas. Al mismo tiempo, la parábola termina con el talento que se le quita al tercer siervo y se le da al que tenía diez talentos. Un valor igual no necesariamente significa una compensación igual. Algunas posiciones requieren más destreza o habilidades y por tanto, se compensan como corresponde. Los dos siervos que hicieron el bien son recompensados en diferentes cantidades, pero reciben un reconocimiento idéntico. La implicación de la parábola es que debemos usar los talentos que hemos recibido de la mejor forma posible para la gloria de Dios y cuando lo hacemos, estamos en igualdad de condiciones con otros siervos fieles y confiables de Dios. (Para consultar una discusión acerca de la parábola similar de las diez minas ver **"Lucas 19:11–27"** en **"Lucas y el trabajo"**).

Ovejas y cabras (Mateo 25:31-46)

La enseñanza final de Jesús en esta sección considera la forma en la que tratamos a aquellos que tienen necesidad. Según este relato, cuando Jesús regrese en Su gloria, se sentará en Su trono y separará personas "como el pastor separa las ovejas de los cabritos" (**Mt 25:32**). La separación depende de cómo tratamos a las personas que tienen necesidad. A las ovejas les dice,

"Venid, benditos de Mi Padre, heredad el reino preparado para vosotros desde la fundación del mundo. Porque tuve hambre, y me disteis de comer; tuve sed, y me disteis de beber; fui forastero, y me recibisteis; estaba desnudo, y me vestisteis; enfermo, y me visitasteis; en la cárcel, y vinisteis a Mí". (**Mt 25:34–36**)

Estas son personas que tienen necesidad, a quienes sirvieron las ovejas, porque Jesús dice, "En cuanto lo hicisteis a uno de estos hermanos Míos, aun a los más pequeños, a Mí lo hicisteis" (**Mt 25:40**). A los cabritos les dice,

"Apartaos de Mí, malditos... Porque tuve hambre, y no me disteis de comer, tuve sed, y no me disteis de beber; fui forastero, y no me recibisteis; estaba desnudo, y no me vestisteis; enfermo, y en la cárcel, y no me visitasteis... En cuanto no lo hicisteis a uno de los más pequeños de éstos, tampoco a Mí lo hicisteis". (**Mt 25:41–43, 45**)

Tanto en el aspecto individual como en el corporativo, estamos llamados a ayudar a los que tienen necesidad. Nuestra vida está "ligada en el haz de los que viven con el Señor tu Dios" (**1S 25:29**) y no podemos ignorar la difícil situación de los seres humanos que sufren hambre, sed, desnudez, no tienen vivienda, están enfermos o son prisioneros. Trabajamos para satisfacer nuestras propias necesidades y las necesidades de los que dependen de nosotros, pero también trabajamos para tener algo que darle a los que lo necesitan (**Heb 13:1–3**). Nos unimos a otros para encontrar formas de apoyar a aquellos que no pueden satisfacer sus necesidades básicas de la vida, las cuales tal vez damos por sentado. Si las palabras de Jesús en este pasaje se toman seriamente, más personas de las que creemos se podrían beneficiar de nuestra caridad.

Jesús no menciona exactamente *la forma* en la que las ovejas servían a las personas en necesidad. Puede haber sido por medio de donaciones y labor social. Pero tal vez algunos de ellos lo hicieron por medio del trabajo común de cultivar y preparar alimentos y bebidas; ayudar a los compañeros de trabajo nuevos a que se acomoden rápidamente al trabajo o diseñar, fabricar y vender prendas. Todo el trabajo legal beneficia a las personas que necesitan los productos y servicios del trabajo, y de esta manera, es un servicio para Jesús.

El cuerpo de Cristo (Mateo 26:17-30)

El complot para matar a Jesús avanza cuando Judas (uno de los doce discípulos) les presenta una oferta a los líderes religiosos para entregarles a Jesús a los soldados del templo. Con el avance rápido de los eventos que llevaron a la crucifixión, Jesús comparte una última cena con Sus discípulos. En esa cena, escoge los elementos fabricados del pan y el vino para representarse a Sí mismo y Su sacrificio venidero. Sosteniendo un trozo de pan, dijo, "esto es Mi cuerpo" (**Mt 26:26**) y después sosteniendo la copa de vino dijo, "esto es Mi sangre" (**Mt 26:28**). El Hijo de Dios no es producto del trabajo de nadie, ni siquiera del Padre. En las palabras del credo niceno, Él es "engendrado, no creado", pero escoge cosas comunes y tangibles como el pan y el vino, creados por el ser humano, para ilustrar Su sacrificio. Como lo dice Alan Richardson:

Sin el esfuerzo y la destreza del campesino, sin el trabajo de los panaderos, los trabajadores del ámbito del transporte, los bancos y oficinas, las tiendas y distribuidores —de hecho, sin el trabajo de las minas y los astilleros navales y el trabajo en acero y así sucesivamente— este pan no habría estado aquí para ponerlo sobre el altar esta mañana. En verdad, todo el mundo del trabajo humano está involucrado en la fabricación del pan y el vino que ofrecemos... Aquí está el enlace irrompible y extraño que existe entre el pan que se gana con el sudor de la frente del hombre y el pan de vida que se compra sin dinero y que no tiene precio.

Toda la comunidad participa.

No podemos pretender que conocemos la razón por la cual Jesús escogió productos tangibles del trabajo del ser humano para representarse a Sí mismo en vez de artículos naturales o ideas abstractas o imágenes de Su propio diseño. Pero el hecho es que Él sí dignificó estos productos del trabajo como la presentación de Su propia dignidad infinita. Cuando recordamos que en Su resurrección también tiene un cuerpo físico (**Mt 28:9, 13**), no es posible imaginar el reino de Dios como una dimensión espiritual separada de la realidad física de la creación de Dios. Después de crearnos (**Gn 2:7**; Jn 1), escogió productos de nuestro trabajo para representarse a Sí mismo. Esta es una gracia que va más allá de todo entendimiento.

La muerte y resurrección de Jesús y el encargo para Sus seguidores (Mateo 27-28)

Más que cualquier otro escritor de los evangelios, Mateo enfatiza en las implicaciones impactantes de la muerte y resurrección de Jesucristo y nos trae de regreso al motivo central de los reinos de los cielos y la tierra. El oscurecimiento de los cielos, el temblor de la tierra y la resurrección de la muerte (**Mt 27:45–54**) habrían sido señales claras para los judíos de que el momento actual estaba terminando y la época venidera había comenzado. Pero la vida y el trabajo parecían continuar como siempre, la situación era de lo más normal. ¿En realidad algo cambió en esa cruz del Gólgota?

El Evangelio según Mateo responde con un resonante sí. La crucifixión de Jesús fue el golpe mortal a un sistema mundano fundado en las pretensiones del poder y la sabiduría humanos. Su resurrección marca la intromisión definitiva de los caminos de Dios en el mundo. El gobierno del reino de Dios no ha abarcado al mundo entero, pero Cristo gobierna a todos los que le siguen.

Id y haced discípulos (Mateo 28:16-20)

Mateo **28:16–20** narra la comisión que les encargó a Sus seguidores:

Pero los once discípulos se fueron a Galilea, al monte que Jesús les había señalado. Cuando le vieron, le adoraron; más algunos dudaron. Y acercándose Jesús, les habló, diciendo: Toda autoridad me ha sido dada en el cielo y en la tierra. Id, pues, y haced discípulos de todas las naciones, bautizándolos en el nombre del Padre y del Hijo y del Espíritu Santo, enseñándoles a guardar todo lo que os he mandado; y he aquí, Yo estoy con vosotros todos los días, hasta el fin del mundo".

Por lo general, a este pasaje se le denomina la Gran comisión y los cristianos tienden a centrarse en su aspecto evangelístico. Sin embargo, la comisión en realidad es "hacer discípulos", no simplemente "ganar creyentes". Como hemos visto a lo largo de este artículo, el trabajo es un elemento esencial de ser un discípulo. Entender nuestro trabajo en el contexto del señorío de Cristo es parte del cumplimiento de la Gran Comisión.

Se nos han dado órdenes de avanzar. Debemos llevar las buenas nuevas a todas las naciones, bautizando a los que las creen y enseñándoles a "guardar todo lo que os he mandado" (**Mt 28:20**). Al echar un vistazo a estos veintiocho capítulos de Mateo, vemos muchos mandatos que nos conciernen en el lugar de trabajo. Estas enseñanzas son para nosotros y para los que vienen después de nosotros.

Conclusión de Mateo

A Dios le interesa nuestro trabajo y las Escrituras tienen mucho que decir al respecto. Como lo mencionamos al comienzo, el Evangelio según Mateo trata la teología y práctica del trabajo en muchos frentes: el liderazgo y la autoridad, el poder y la influencia, las prácticas de negocios, la verdad y el engaño, el trato de los trabajadores, la resolución de conflictos, la riqueza y las necesidades urgentes de la vida, las relaciones laborales, la inversión y el ahorro, el descanso y la vida en el reino de Dios mientras trabajamos en lugares seculares.

A menudo, los cristianos damos por sentado que nuestra vida debe estar dividida en dos reinos, el secular y el sagrado. Nuestro trabajo se puede convertir simplemente en una forma de ganarnos la vida, una actividad secular que no tiene un significado piadoso. La asistencia a la iglesia y la devoción personal son vistas como los únicos elementos sagrados de la vida y una mala interpretación de Mateo podría apoyar esta separación. El reino de la tierra podría representar las partes materiales y seculares de la vida y el reino de los cielos, las partes sagradas etéreas. Sin embargo, una lectura correcta de Mateo es que ambos reinos abarcan todo en la vida. El reino de Dios tiene aspectos tanto materiales como espirituales, igual que el reino del mundo caído. El método cristiano para abordar este concepto es poner nuestra vida entera, incluyendo nuestra vida laboral, al servicio del reino de Dios, el cual Cristo está trayendo a la tierra incluso en este momento.

Jesús llama a Sus seguidores a vivir y trabajar en medio del mundo caído manteniéndose fuertemente en los propósitos, las virtudes y los principios de Dios. Para los cristianos a nivel individual, lo sagrado y lo secular no se puede separar: "Nadie puede servir a dos señores" (**Mt 6:24**). En este universo creado y sostenido por Dios, no existe un espacio "secular", inmune a Su influencia, fuera de Su control o sobre el cual Él no se declare soberano.

No obstante, aunque el reino de la oscuridad permanece, el reino de Dios está cercano. Por lo general, las personas y los sistemas del mundo no reflejan los caminos de Dios. Los que son llamados por Cristo deben aprender a servir al reino de Dios fielmente, mientras que aprenden a vivir en medio de los poderes reales que se oponen a Dios. La cosmovisión cristiana no puede ser la del escape o indiferencia de este mundo. Más que todas las personas, los cristianos deberían estar involucrados de forma justa en la creación de estructuras que reflejen el reino de Dios en todos los ámbitos de la vida, incluyendo el lugar de trabajo. Debemos modelar las prácticas del reino de Dios en nuestro lugar de trabajo, especialmente las prácticas en las que le rendimos nuestro poder y riqueza a Dios y dependemos de Su poder y provisión. Esto es lo que significa vivir (no solo decir) la oración paradigmática del Padre Nuestro: "Venga Tu reino. Hágase Tu voluntad, así en la tierra como en el cielo".

Don't miss out!

Visit the website below and you can sign up to receive emails whenever Sermones Bíblicos publishes a new book. There's no charge and no obligation.

https://books2read.com/r/B-A-ALQN-ABYXC

BOOKS2READ

Connecting independent readers to independent writers.

Did you love *Analizando la Enseñanza del Trabajo en el Evangelio de Mateo*? Then you should read *Analizando la Enseñanza del Trabajo en el Nuevo Testamento*[1] by Sermones Bíblicos!

[2]

Este libro de educación bíblica para el trabajo es una guía esencial para aquellos que buscan aplicar las enseñanzas del Nuevo Testamento en su vida laboral. Con un enfoque en las enseñanzas prácticas y relevantes para la actualidad, este libro proporciona una visión fresca y contemporánea de las lecciones bíblicas. Cada capítulo está lleno de sabiduría atemporal, presentada de manera que resuena con los desafíos y oportunidades del mundo laboral moderno. Desde la gestión efectiva del tiempo hasta la construcción de relaciones laborales sólidas, este libro ofrece una perspectiva bíblica sobre una variedad de temas laborales. Las hermosas enseñanzas prácticas en cada página no solo

---

1. https://books2read.com/u/bPDNxj

2. https://books2read.com/u/bPDNxj

inspirarán a los lectores a vivir su fe de manera más plena en su vida laboral, sino que también les proporcionarán herramientas tangibles para navegar por los desafíos del lugar de trabajo. Este libro es más que un recurso educativo; *es una invitación a vivir y trabajar de una manera que refleje las enseñanzas del Nuevo Testamento en cada aspecto de nuestra vida*

Also by Sermones Bíblicos

Enseñanzas de la Sana Doctrina Cristiana
Enseñanzas de la Sana Doctrina Cristiana: Saliendo de Egipto a Canaán 2007
Enseñanzas de la Sana Doctrina Cristiana: Saliendo de Egipto a Canaán 2008
Enseñanzas de la Sana Doctrina Cristiana: Tesoros Bíblicos
Enseñanzas de la Sana Doctrina Cristiana: El Progreso del Peregrino
Enseñanzas de la Sana Doctrina Cristiana: El Progreso de la Peregrina

Estudiando El Tabernáculo de la Biblia
El Tabernáculo: Descripción de sus Componentes
Principios Bíblicos para una Iglesia: Ilustrados por El Tabernáculo
El Tabernáculo: En el Desierto y las Ofrendas
El Tabernáculo: Las Ofrendas Levíticas, el Sacrificio de Expiación
El Tabernáculo: Un santuario Terrenal
Analizando la Enseñanza del Trabajo en el Libro Profético de Jeremías y Lamentaciones

Estudio Bíblico Cristiano Sobrevolando la Biblia con Enseñanzas de la Sana Doctrina

Estudio Bíblico: Génesis 1. La Creación en Seis Días
Estudio Bíblico: Génesis 2. Estatutos de la Creación
Estudio Bíblico: Génesis 3. La Caída del Hombre
El Tabernáculo: En el Nuevo Testamento
Estudio Bíblico: Génesis 4. Aconteció Andando el Tiempo; Presente, Tributo, Oblación
Estudio Bíblico: Génesis 5. El Mensaje que Dios tiene para Nosotros en esta Genealogía
La Historia de Noé: Su Entorno, Su Experiencia, El Mandato y El Pacto
Estudio Bíblico: Sana Doctrina Cristiana: Introducción a la Biblia

Juan Bunyan Collection

Enseñanzas de la Sana Doctrina Cristiana: El Progreso del Peregrino y la peregrina

La Enseñanza del Trabajo en la Biblia

Analizando la Enseñanza del Trabajo en Éxodo: De la Esclavitud a la Liberación
Analizando la Enseñanza del Trabajo en Levítico: Alcanzar el Espíritu de la Ley en el Trabajo
Analizando la Enseñanza del Trabajo en Números: La Experiencia de Israel en el Desierto para Nuestros Desafíos Actuales
Analizando la Enseñanza del Trabajo en Deuteronomio: Una Perspectiva para la Vida Laboral Actual
Analizando la Enseñanza del Trabajo en Josué y Jueces: ¡La Motivación para el Trabajo Arduo!
Analizando la Enseñanza del Trabajo en Rut: Un Referencial para el Autocrecimiento y Superación
Analizando la Enseñanza del Trabajo en Samuel, Reyes y Crónicas: Un Estudio de Liderazgo en la Antigüedad

Analizando la Enseñanza del Trabajo en Esdras, Nehemías y Ester: Una Mirada al Pasado para Orientar nuestras Futuras Labores

Analizando la Enseñanza del Trabajo en Job: Ejemplo Espiritual y Profesional para la Vida Laboral

Analizando la Enseñanza del Trabajo en Salmos: Ética, Obras y Palabras

Analizando la Enseñanza del Trabajo en Proverbios

Analizando la Enseñanza del Trabajo en Eclesiastés: "El Trabajo Duro Bajo el Sol", Las Lecciones de Eclesiastés

Analizando la Enseñanza del Trabajo en Cantar de los Cantares

Analizando la Enseñanza del Trabajo en los 12 Profetas de la Biblia

Analizando la Enseñanza del Trabajo en el Libro Profético de Isaías

Analizando la Enseñanza del Trabajo en el Libro Profético de Ezequiel

Analizando la Enseñanza del Trabajo en el Libro Profético de Daniel

Analizando la Enseñanza del Trabajo en los Libros Proféticos de Oseas, Amós, Abdías, Joel y Miqueas

Analizando la Enseñanza del Trabajo en los Libros Proféticos de Nahúm, Habacuc y Sofonías

Analizando la Enseñanza del Trabajo en los Libros Proféticos de Hageo, Zacarías y Malaquías

Analizando la Enseñanza del Trabajo en el Evangelio de Mateo

Analizando la Enseñanza del Trabajo en el Evangelio de Marcos

Analizando la Enseñanza del Trabajo en Génesis: El Proposito de la Vida en la Tierra

Analizando la Enseñanza del Trabajo en El Pentateuco

Analizando la Enseñanza del Trabajo en los Libros Históticos: Aplicando la Biblia al Trabajo Práctico

Analizando la Enseñanza del Trabajo en El Pentateuco y Libros Históricos

Analizando la Enseñanza de la Labor: La Guía de Dios para el Trabajo

Analizando la Enseñanza del Trabajo en los Libros Poéticos

Analizando la Enseñanza del Trabajo en los Libros Proféticos de la Biblia

Analizando la Enseñanza del Trabajo en el Antiguo Testamento

Analizando la Enseñanza del Trabajo en el Antiguo Testamento
Base Bíblica de la Educación del Trabajo
Analizando la Enseñanza del Trabajo en el Nuevo Testamento
Analizando la Enseñanza del Trabajo en las Cartas Generales y el Apocalipsis
Analizando la Enseñanza del Trabajo en las Cartas Paulinas
Analizando la Enseñanza del Trabajo en los Hechos de los Apóstoles
Analizando la Enseñanza del Trabajo en los Evangelios del Nuevo Testamento
Analizando la Enseñanza del Trabajo en los Libros Históricos del Nuevo Testamento

La Enseñanza en la Clase Bíblica
Estudiando la Enseñanza en la Clase Bíblica: Guía para Maestros

Los Cuatro Evangelios de la Biblia
Analizando Notas en el Libro de Mateo: Cumplimientos de las Profecías del Antiguo Testamento

Los Cuatro Evangelios de la Biblia
Analizando Notas en el Libro de Marcos: Encontrando Paz en Tiempos Difíciles
Analizando Notas en el Libro de Lucas: El Amor Divino de Jesús Revelado
Analizando Notas en el Libro de Juan: La Contribución de Juan a las Escrituras del Nuevo Testamento

Cristo en Toda la Biblia: Estudio Bíblico
Notas en los Cuatro Evangelios: Comentario Bíblico
Analizando Lo que Está por Suceder: Las Profecías de Dios
Himnos del Evangelio
El Tabernáculo en la Biblia: Como Enseñar el Tabernáculo

About the Author

Esta serie de estudios bíblicos es perfecta para cristianos de cualquier nivel, desde niños hasta jóvenes y adultos. ***Ofrece una forma atractiva e interactiva de aprender la Biblia,*** con actividades y temas de debate que le ayudarán a profundizar en las Escrituras y a fortalecer su fe. Tanto si eres un principiante como un cristiano experimentado, esta serie te ayudará a crecer en tu conocimiento de la Biblia y a fortalecer tu relación con Dios. Dirigido por hermanos con testimonios ejemplares y amplio conocimiento de las escrituras, *que se congregan en el nombre del Señor Jesucristo Cristo en todo el mundo.*

www.ingramcontent.com/pod-product-compliance
Lightning Source LLC
Chambersburg PA
CBHW071352130726
47996CB00002B/901